第一法庭

---- 蔣政權的最後掙扎

姚嘉文 著

《館長序》
第一法庭
-- 序姚嘉文資政的新書

■國家人權博物館館長　洪世芳

　　總統府資政姚嘉文前輩，也是美麗島事件政治受難者，在聯合國發布《世界人權宣言》滿 75 周年之際，出版「第一法庭—蔣政權的最後掙扎」，別具意義。

　　美麗島大審的第一法庭係臺灣警備總司令部軍法處於 1977 年增建之法庭，作為軍事審判場域的 15 年間，審理過許多社會大眾矚目的案件，如 1978 年 9 月調查局偵破吳泰安共諜案，導致余登發父子遭到逮捕；1980 年受社會關注的政治案件的美麗島軍法大審。姚資政受難時就在這第一法庭接受軍法審判，見證臺灣威權統治的壓迫手段，他們當時的答辯，對於現今民主自由的價值，很值得年輕世代省思。

　　國家人權博物館為還原白色景美紀念園區歷史場景，讓民眾瞭解第一法庭的時代意義及有更深刻認識，在姚資政協助下，2023 年 2 月完成第一法庭在美麗島軍法大審時的場景復原；站在歷史現場，讓我們更能深刻感受及體認抗爭者與反抗者的精神。姚資政表示景美紀念園區於 2022 年已審定為「不義遺址」，他將著手撰寫一本有關「第一法庭」的書，讓大家知道當時設立第一法庭的用意與功能。

　　在強調轉型正義教育學習的今天，近年姚資政常受邀親臨遺址現

場為司法院法官學院司法人員、法務部司法官學院新進檢察官、法務部調查局新進調查人員等，以及關心臺灣轉型正義發展之各國議員代表及助理、國際相關人權團體等，分享「美麗島運動」精神及美麗島事件對臺灣民主化的影響，相關訴求至1980年代末期雖尚未能實現，就如姚資政在書中所言，「軍事『第一法庭』風光設立，威風開辦，最後無奈收場。」但是到了1990年代中後期最終還是逐一實現，使臺灣成為一個民主自由的國家。

　本書可見姚資政投注很多時間與心力蒐集史料，資料相當豐富，我看了非常的感動，也獲益匪淺。期望藉由此書，也讓社會大眾更深入瞭解戒嚴時期軍法審判的有關歷史，以及前輩們為民主努力的精神。

■第一法庭。

|目錄|

第一法庭相等待

　　「第一法庭」標誌著重要的歷史事件的空間場景，是台灣人共同歷史記憶的一部分，不僅是一個傷痛的過往，而是一個特殊政治體制形成的社會氛圍。

----「景美人權文化園區」《「第一法庭與軍事法庭」調查研究及復原展示規劃案結案報告書》（第 115 頁）

（1）

　　「法庭」是進行訴訟審判的地方，是透過公開審判程序發現案件事實真相、維持公平正義的殿堂。獨裁者常常想藉著神聖的法庭殿堂，炮製「叛亂」案件，用判處死刑，來恐嚇人民，來鎮壓社會，以達到專制統治的目的。

　　我曾以兩種身份進出這種法庭，一次以律師身份為人辯護，一次以「叛亂犯」身份由別人辯護。

　　有一次，我親耳聽到「台灣警備總司令部」軍官在說，軍事「第一法庭」正等待著伺候不聽話的人民的這種話。

　　1977 年 11 月，台灣辦理省議員、縣市長等地方選舉。桃園縣中壢市發現「中國國民黨」黨務人員在各投開票所作票舞弊，群眾不滿，聚集抗議，引發暴動。中壢警察分局被不明人士點火焚燒，驚動海內外，被稱為「中壢事件」。

　　「中壢事件」之所以發生，有其歷史背景。1971 年聯合國大會決議否認「蔣介石政權」有代表「中國」的身分與地位；1975 年獨裁者蔣介石死亡，引發權力內鬥。「中國國民黨」政權不穩，「台灣警備總司令部」（「警總」）威望大幅下降，人民長年積壓的不滿情緒藉機爆發。

　　因為這樣政治情勢的改變，台灣發生前所未有的「中壢事件」。受「中壢事件」的影響，台灣人民對未來台灣的政治發展關心與興趣迅速昇高。蔣氏政權的「中國國民黨」政府統治當局雖然加強壓制台灣的民主運動，不斷運用戒嚴令禁止聚會的規定，加強取締民眾聚會，企圖制止民主思想的傳播。但是，一向百般欺壓人民的「警總」威望已大不如前，「警總」人員一貫地囂張作風也收斂許多。

■包圍中壢分局的群眾，將警分局的車子翻倒。攝影／張富忠

姚嘉文律師 承辦選舉訴訟演講詞

在臺灣高等法院為郭雨新選舉官司演講

在臺灣高等法院臺中分院為雲林縣黃蔴選舉官司演講

■為中壢事件辯護的黨外大護法姚嘉文律師。

1978年間，有一天晚上，我與十幾位學生在學生校外租處吃湯圓座談講話，管區警員帶著一位便衣人員，沒有徵求同意，就打開門大步進來。

管區警員先開口說：

各位，大家好，這位是「台灣警備總司令部」，「警總」的軍官，有事情……

他話沒講完那位便衣軍官便踏步上前。管區警員退到一邊，那位軍官面帶笑容說：

教授，各位同學……嗯……這位是姚大律師，我們認得……

他停一下，左右看看大家，才又說：

大律師，教授，各位同學！有人檢舉，你們在這裡非法聚會，違反戒嚴令，應該解散。我們是來勸各位解散，請各位趕快解散回去……

他話沒講完，我就向那位「警總」軍官搖搖手，說：

甚麼非法聚會？你沒有看到我們在吃湯圓嗎？

那位「警總」軍官耐住性子，又很客氣地笑著說：

哎呀，姚大律師，您是法律的，您是教法律的，現在是戒嚴時期，根據戒嚴令的規定，戒嚴時期非法聚會是不允許的，這您是知道的……

那位「警總」軍官又走前一步，說：

大律師，這樣啦，因為有人檢舉您們在這裡「非法」聚會，所以我們必須處理……大律師，您就帶這些學生離開這裡吧，不要再在這裡「非法」聚會了！

他特別強調「非法」兩字，我仍坐著不動，只回答說，我們在吃湯圓，不是在非法聚會。我們還沒吃完，為甚麼要離開？

那位「警總」軍官看勸不動我，便對學生說：

同學們，你們在吃湯圓，快一點把碗裡的湯圓吃了，快點離開回宿舍去吧！

有一位學生抬頭瞪著那「警總」軍官說：

我就住這裡，回去？回那裡去！

那「警總」軍官怔了一下，改向其他同學說：

喔…那麼…不住在這裡的各位同學，你們快離開回去你們的宿舍吧！

1970年代末期，台灣雖仍在戒嚴時期，但國際形勢及國內政局已不同往日，「台灣警備總司令部」（「警總」）的威望既已不同往日，「警總」的軍官當然不敢像往前那麼樣囂張跋扈，執法態度與前有很大的不同。

這位「警總」軍官看叫不動學生，便從身上拿出一張紙，交給一位學生，要大家寫下姓名、學校名稱及系別，講大家寫好，他們兩人就離開，請各位吃好湯圓就回去。

那位學生拿筆開始寫，我向那位學生及大家說：

不要寫，不要理他！大家不要寫！

學生們不理會我的話，一個一個接著寫，寫完把紙張交還「警總」軍官。「警總」軍官滿意的由管區警員陪同離開。

我起身走到門口，看著那管區警員及「警總」軍官離開。我聽到不遠處管區警員在安慰著「警總」軍官，說這些學生都被老師教壞了，不聽話。

「警總」軍官很有自信的說：

沒關係……現在我們軍法處的「第一法庭」已經準備好了，在等待著伺候他們這些不聽話的人！大家在新法庭相見吧！

我回座罵學生不聽老師的話，一個學生笑著回答我說：

老師不要生氣，我們都寫假的名字，假的學校，假的科系！

學生嘻嘻哈哈在得意笑鬧，我坐了下來低著在思考這位「警總」軍官所說的軍法處「第一法庭」的事情。

(2)

「第一法庭」！「台灣警備總司令部」軍法處的「第一法庭」！

「第一法庭」要發揮作用了？這個新法庭會發生很大作用嗎？

「台灣警備總司令部」軍法處的「第一法庭」剛在 1977 年籌建完成，地點在當時的軍法學校的籃球場，在現在的新北市景美「人權博物館」內。地址是新店區復興路 131 號。今被指定為威權統治時期「不義遺址」，幾經數次整修，保留這法庭最後使用的「美麗島雜誌叛亂案」的佈置，開放一般民眾參觀。

這是一間至今最大的軍事法庭。法庭建築面積室內長 27.37 公尺，9.49 公尺，分為三部分。中間是審判大法庭，面積 189.5 平方公尺（19.965mX9.49m），左右各有一間小房間，左邊一間為候審室，右邊一間為評議室，兩間面積約 70.5 坪。這個法庭總面積為 233.1 平方公尺。

「第一法庭」中間的大法庭分為三部分，包括：法庭人員席，被告及律師席，以及旁聽及記者席。

法庭人員席包括軍事檢察官席、軍事審判官席及軍事書記官席。

現代進步國家的法庭佈置，法官坐在台上，檢察官不坐在審判台上，而是與辯護律師平等同坐在審判台下。書記官的席位本不應與法官（審判官）同坐在審判台上。如今台灣司法院所屬各級法庭佈置，法庭審判台上皆如一般西方國家，審判台上只坐法官（審判官），檢察官與辯護律師坐在平等位置，不坐在審判台上。書記官也沒有坐在審判台上。

「台灣警備總司令部」軍法處在景美看守所外面本有幾間小法庭，平常軍法庭並不開放旁聽，原有法庭辦案已經夠用，為甚麼還要再蓋一間法庭，還是一間大間的法庭？

1971 年 10 月，聯合國大會決議驅逐「蔣介石的代表」(representatives of Chiang Kai-shek)，台北的蔣氏政權不再被聯合國接受代表「中國」，長期壓制本土人士，自稱代表「中國」的「中國國民黨」台北政府，知道本地人士的「台獨運動」必將加速崛起，各界要求改革的「民主運動」聲音必將全面掩來，情治單位必須努力以各種方法阻止。

1975 年獨裁強人蔣介石去世，「中國國民黨」在台灣維持「大中國體制」的政府形象更是搖搖欲墜，「台灣警備總司令部」準備大開殺戒，計畫抓捕大量政治反對人士。他們相信以後每案人數必比前多，原有偵訊及審判政治犯的場所，或者空間太小，或者位於市區，不足以應付所需。因此，除了闢建「安康接待室」做為秘密偵訊處所外，又在景美看守所押區附近，緊急起造軍事「第一法庭」以應需要。

■新店「安康接待室」外觀。攝影 / 黃謙賢

　　「安康接待室」及軍事「第一法庭」在「中國國民黨」的蔣氏政
權鎮壓「台獨」及民主運動工作上，扮演很重要的角色。戒嚴解除後，
這兩個場所，都被「行政院促進轉型正義委員會」指定為必須保存的
「威權統治時期不義遺址」。

　　「台灣警備總司令部」軍法處在 1977 年籌建這一間大的法庭，
在政治上有很大的意義。

　　想永續統治台灣的蔣介石外省人少數政權，長期運用戒嚴令及
「中國政府體制」以壓制「台灣獨立」思想，但在 1971 年代表團被

■景美軍法處「第一法庭」入口大門。攝影／邱萬興

■景美軍法處「第一法庭」內部。

聯合國大會決議驅逐，否認其有代表「中國」的資格以後，其威望在國際上及台灣國內發生天搖地動的變化。世界各國紛紛與蔣政權斷絕外交關係。1975 年，統治台灣四分之一世紀的獨裁強人蔣介石去世，一向支持蔣氏政權的美國政府改變外交策略，目標逐漸轉向北京。

在這種形勢之下，可以預見的，台灣社會「民主運動」及「台灣獨立」「建國運動」必將風起雲湧，威脅蔣介石外省人政權的存在。繼任蔣介石的，他的兒子蔣經國，以及蔣經國的爪牙，開始思考如何阻止本土力量的興起，如何繼續維持這個搖搖欲墜的外省人政權。他們的結論是將任何主張「台灣獨立」的行為，視為叛亂行為，抓進「安康接待室」秘密偵訊，押到軍事「第一法庭」，在這間大的新的軍事法庭審判，炮製更多的叛亂案件，以死刑威嚇有任何這類主張的政治反對者。

這一間大間的軍事「第一法庭」是蔣氏政權為鎮壓「台灣獨立」而設立的建築物，是蔣氏政權維護政權最後掙扎的新舞台。

據「景美人權文化園區」《「第一法庭與軍事法庭」調查研究及復原展示規劃案結案報告書》（第 115 頁）說明：

台灣在戒嚴體制下的軍法審判，因特殊政治社會情勢的歷史背景，造成許多案件受審者未能在憲法所保障的基本人權條件下，受審宣判。戒嚴體制形成的「白色恐怖」，因具特殊的時代背景，造成文字紀錄、審判檔案、第一手史料蒐集困難。然若依靠大量的訪談口述，其中資訊的可信度、真實性或客觀性的問題，亦常因受訪者的個人意識或歷史的理解，讓此段台灣歷史的重建遭逢困難。

在今日時過境遷的台灣，「第一法庭」與「軍事法庭」，標誌著重要的歷史事件的空間場景，是台灣人共同歷史記憶的一部分，不僅是一個傷痛的過往，而是一個特殊政治體制形成的社會氛圍，在當時政治環境下，「第一法庭」、「軍事法庭」的軍法官們，在強人威權體制下，常常受到影響而改變許多案件的最終決定，其背後有著不可忽略的大時代歷史背景。

（3）

蔣介石死亡後，蔣經國繼任主政，不思民主開放，不僅未把政權交給本地人民，反而採用高壓手段，追殺「台獨」人士，壓制民主思想。

1977 年起築的軍事「第一法庭」，不是一間普通的建築物，而是一間蔣氏政權軍事統治時時期運用《懲治叛亂條例》「二條一」（專科死刑）條款壓制「台獨」主張，用「死刑」來恐嚇台灣「民主運動」及「台獨運動」的場所，也是專制統治台灣近三十年的蔣氏政權的第二代，做為企圖進行政權保衛戰的碉堡，畢竟蔣氏政權在感受到世界局勢的變化，在體驗到台灣民怨的爆發，知道無法再以少數外省人「大中國體制」統治台灣，眼見國內外各方面要求「解除戒嚴」的呼聲越來越大，仍然想使用戒嚴令下的軍事統治來挽救頹局，設立了秘密刑求偵查的「安康接待所」與軍法審判的軍事「第一法庭」，企圖進行保衛政權的最後掙扎。

從歷史發展來看，蔣氏政權這種保衛政權的最後爭扎能夠有辦法達到目的嗎？

神話中國難困守

應作一中一台之惡劣打算，不可不預為之計也。

----蔣介石 1970 年 10 月 3 日記。

美國代表說，本人亦認為「台灣」能在安全理事會代表「中國」乃是「神話」。

----1970 年 11 月 16 日紐約駐聯合國代表團致外交部電報。

■ 2006 年後重回美麗島大審審判現場的考試院長姚嘉文與女兒姚雨靜。攝影 / 邱萬興

■ 2009 年 12 月，姚嘉文在美麗島事件 30 周年史料展致詞。攝影 / 邱萬興

(1)

　　造成「中國國民黨」蔣氏政權沒落的一個重要原因，是 1971 年聯合國大會通過的驅逐「蔣介石代表」，否認他的政府有代表「中國」資格的決議。

　　1949 年蔣介石的 「國民政府」百萬大軍在中國長江南北戰敗，軍事潰崩，物價高漲，人心惶惶，怨聲載道。1948 年 3 月底至 5 月初，國民大會集會南京期間，代表雖以「中國國民黨」黨籍居多，但仍借此機會發洩怨氣，表示不滿。蔣介石擋不住各界批判聲音，無奈，只好在 1949 年 1 月 21 日宣布下野。

　　宣布下野的蔣介石選擇台灣做為流亡另建政權的地方。

　　到台灣後，蔣介石公開承認原來的「中華民國」已經滅亡不存在，聲稱他要以台灣為基地反攻大陸，恢復原來的「中華民國」。

　　但事實上，蔣介石只能在台灣建立一個流亡政權，維護中國來台的大陸外省人利益，壓制本地人民權利，繼續做他仍是「中華民國」總統的美夢。

　　這個脆弱的流亡政權，缺乏堅定的基礎。幸而，1950 年韓戰發生，以美國為首的自由民主國家，為阻止共產勢力的擴張，乃決定支持在台灣聲稱堅持反共，「堅守民主陣容」，抵抗北京侵略的蔣介石政權。美國政府與台北繼續維持「中華民國」政府的外交關係。

　　這樣，幫助蔣介石的台北「中國國民黨」政府在台灣維持「大中國」（包括外蒙古地方）的政府架構，保障中國來台外省人的利益，限縮台灣本地人民的政治權力。

　　1960 年代開始，「中國代表權」問題成為聯合國必須處理的議案。1971 年 10 月 25 日紐約時間晚上 9 時 48 分，聯合國大會開始處理「中國代表權」案，在晚上 10 時過後，表決通過這樣一個 2758 號決議：

大會

回　顧：聯合國憲章的原則。

考慮到：恢復中華人民共和國的合法權利，對於維護聯合國憲章，和聯合國組織根據憲章所必須從事的事業都是必不可少。

承　認：中華人民共和國政府的代表是中國在聯合國組織的唯一合法代表，中華人民共和國是安全理事會五個常任理事之一。

決　定：恢復中華人民共和國的一切權利，承認它的政府的代表為中國在聯合國組織的唯一合法代表，並立即把蔣介石

2758 (XXVI). Restoration of the lawful rights of the People's Republic of China in the United Nations

The General Assembly,
Recalling the principles of the Charter of the United Nations,
Considering that the restoration of the lawful rights of the People's Republic of China is essential both for the protection of the Charter of the United Nations and for the cause that the United Nations must serve under the Charter,
Recognizing that the representatives of the Government of the People's Republic of China are the only lawful representatives of China to the United Nations and that the People's Republic of China is one of the five permanent members of the Security Council,
Decides to restore all its rights to the People's Republic of China and to recognize the representatives of its Government as the only legitimate representatives of China to the United Nations, and to expel forthwith the representatives of Chiang Kai-shek from the place which they unlawfully occupy at the United Nations and in all the organizations related to it.
1976th plenary meeting,
25 October 1971.

二七五八（二十六）．恢復中華人民共和國在聯合國的合法權利

大會，

回顧聯合國憲章的原則，

考慮到，恢復中華人民共和國的合法權利對於維護聯合國憲章和聯合國組織根據憲章所必須從事的事業都是必不可少的，

承認中華人民共和國政府的代表是中國在聯合國組織的唯一合法代表，中華人民共和國是安全理事會五個常任理事國之一，

決定：恢復中華人民共和國的一切權利，承認她的政府的代表為中國在聯合國組織的唯一合法代表並立即把蔣介石的代表從它在聯合國組織及其所屬一切機構中所非法佔據的席位上驅逐出去。

一九七一年十月二十五日，
第一九七六次全體會議。

的代表從它在聯合國組織，及其所屬一切機構中所非法估據的席位上驅逐出去 (and to expel forthwith the representatives of Chiang Kai-shek from the placewhich they unlawfully occupy at the United Nations and in all the organizations related to it.)

1950 年代，台灣蔣氏的「中華民國」政府，因有美國為首的自由民主國家的支持，繼續派遣代表團在紐約的聯合國大廈內出席開會，代表面積近一千萬平方里的「中國」，也享有常任安全理事國的地位。

蔣介石政府在台灣宣稱他的「中國」，包括「外蒙古地方」。「外蒙古地方」在 1946 年即以公民投票方式脫離當時在大陸的「中華民國」，蔣介石的「中國國民黨」政府於 1946 年 1 月 6 日在重慶發表公告，「決定承認外蒙古之獨立」。

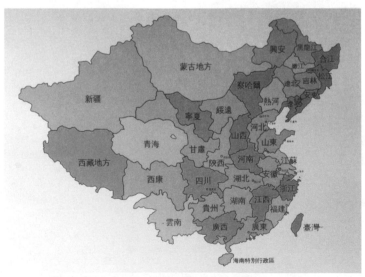

■蔣氏政權宣稱他所統治的大「中華民國」地圖。

　　但是，蔣介石以後在台灣的「中華民國」政府卻仍自稱他的政府統治的領土範圍包括「外蒙古地區」，在各機關學校懸掛秋海棠形狀的「中華民國地圖」。以這種主張做為國家制度及政策的基礎，無論國會議員名額的分配，政府公務員考試錄取採取「全國」各省區配額，都以這種「國家領土範圍」做為政府政策的基礎，大量壓縮台灣本土國會議員的比率，排擠了本土考生錄取的機會。國民教育強調「中國」教育，推動國語政策，限制本土語言的使用......，使台灣成為一個不正常國家。

　　1960 年，外蒙古以「蒙古國」的身份加入聯合國。1971 年，「蔣介石代表團」被逐出聯合國大會，「中國國民黨」政府在台灣仍不改其立場，繼續主張「外蒙古地方」是他所統治的領土。

■ 1960 年，外蒙古就以「蒙古國」的身份加入聯合國，蒙古國的總統府位於烏蘭巴托。
攝影／邱萬興

　　蔣氏的「中國國民黨」「中華民國」政府，以統治三萬多平方公里領土的政權，要在國際組職聯合國主張代表面積一千萬平方公里的「大中國」，不但是不符合事實的荒謬神話，而且形成嚴重的財政負擔。台北的「中華民國」政府常常繳不起按照國家面積及人口數目等，為基礎計算出的沉重會費及會務分擔費，好幾年幾乎都要被停止投票權利。

　　北京的「中華人民共和國」政府則運用各種方法，要在聯合國取代台北的「中國國民黨」「中華民國」政府代表「中國」。「中國代表權」問題一直是聯合國大會熱門的議題。

　　聯合國大會自 1950 年開始討論「中國代表權」問題。1970 年，聯合國大會以 51 比 49 的多數票贊成以北京的「中華人民共和國」政府代替台北的「中華民國」政府代表「中國」，雖然因「重要問題案」的通過，暫時讓台北的「中華民國」政府保住「中國代表權」的地位。1971 年則情勢不同，地位已難保存。雖蔣氏政權奮力在聯合國大會保衛她的代表權地位，以便在台灣內部保衛搖搖欲墜的外省政權。但大勢所趨，形勢比人強，聯合國大會最終做了決議。

　　在 1971 年聯合國大會通過 2758 號決議案以後，那種以「大中國政府」為架構統治台灣的方式，開始動搖。「中國國民黨」政府預見台灣人要求政治改革的聲音必然升高，已在海內外隱藏的「台獨運動」必然加速發展，以台灣外省人為優勢的政治結構必然崩潰。

　　國際形勢的變化，其來有自，不等到聯合國的決議，「中國國民黨」的外省人政府早已出現危機。一向以來，蔣介石蔣經國父子，為

了繼續掌握台灣政權，不思因應台灣人民的民主改革要求，反而要用更強烈的手段來鎮壓。

(2)

　　聯合國大會關於「中國代表權」決議確實會大大影響著台灣國內的政治生態。

　　這種影響，非常明顯，在台灣的國外媒體也看得清楚。

　　據外交部檔案記載，1970 年 11 月 21 日美國 AP（Assciated Press，美聯社）從台北發出報導說，台北政府對聯合國失去信心，說台北少數人存著一種想法，認為聯合國大會有關所謂「中國代表權」問題的表決，無異聯合國對於「中華民國」政府的不信任投票。

　　報導又說，蔣介石堅持「漢賊不兩立」，不願接受美國政府提出的「雙重代表權」（Dual Representation）方案。

　　所謂「雙重代表權」是美國政府所提，用以處理聯合國「中國代表權」爭議的一個外交方案，讓「中華民國」政府與「中華人民共和國」政府同時擁有聯合國會籍，在雙方分享「中國代表權」前提下，共同參與聯合國。

　　蔣介石寧願被迫放棄完全的「中國代表權」地位，不願只分享「中國代表權」的一部分，原因是怕被認為只是「台灣」的政府，但另一方面，他亦知道一旦他的「中華民國」政府代表團被逐出聯合國，他在台灣的「中國政府」的假面具，必會面臨強烈的挑戰。美聯社指出：

「中華民國」一旦脫離聯合國之後，台灣這個島嶼可能會發生許多變化。最初的改變，可能是在內政方面。因為 21 年來，這一會籍已使一個本島一千兩百萬「土著」享有甚少權力的政府取得正大光明的地位。政府、軍隊、與廣大的秘密警察網，仍然握在一九四九年追隨蔣介石到台灣的兩百萬大陸人當中的少數人手中。

一旦失去對聯合國會籍這一政府結構的支柱，「中華民國」政府可能認為必須加強對台灣不滿政府「土著」的控制。

被外電稱為「土著」的台灣本地人民，正迅速在反映這種新形勢。海外的「台獨組織」與「台獨運動」，正在與島內的「民主運動」互相鼓勵互相競爭，逐漸結合，推展各種運動，對台灣蔣氏的「中國國民黨」政權造成很大的威脅。

(3)

1979 年底，美國政府宣布調整對「中華人民共和國」的外交關係，實施「對中國外交關係正常化」，承認北京政府代表「中國」，斷絕與台北「中華民國」政府正式的外交關係。這件重大的外交事件，加速一向以「大中國政府」自居，不斷用各種政策壓制本地台灣人的「中國國民黨」政府面臨有史以來最大的「合法統治」的危機。

這個政府面臨的最大威脅是日益強大，主張依據政治現實進行的改革的「台獨主張」「台獨活動」和「台獨組織」。

被蔣介石指定為統治繼承人，後擔任「中國國民黨」主席的蔣經

國，面臨蔣宋美齡爭奪權位的內鬥，要保衛蔣氏政權，還要鎮壓台灣島內外日益壯大的主張「台灣獨立」的勢力。

不論蔣介石或蔣經國，決定政策的最高目標就是維持蔣家的統治地位。所以凡是批評蔣家父子，反對蔣家父子或威脅蔣家地位，必遭剷除或處罰。遠如 1955 年，孫立人將軍因美國有意支持他掌握台灣政權，而遭蔣介石父子藉詞軟禁 33 年；又如 1960 年代雷震反對蔣介石連任第三屆總統，進行籌組新政黨被判入獄。再如 1975 年逮捕白雅燦，亦因白雅燦直接挑戰蔣經國而入罪。近如 1984 年的江南案，《蔣經國傳》作者劉宜良因批評言論犧牲了生命。

1971 年 3 月 29 日的「時代」與「新聞週刊」兩種雜誌，於評論美國對華政策的最近變更時，均推測對台灣必然有大影響，會影響到台灣的內部政治。

時代週刊說，美國在這方面的轉變，對於軟弱與散漫的「台灣獨立」運動，可能是一種支持。該刊還聲稱，二百萬大陸人還享有若干政治與經濟的利益，但是一千二百萬台灣本土人在台北政府僅有象徵性的代表。

新聞週刊說：

「中國國民黨」人感到的更為直接的憂慮，是美國政策轉變的影響，可能及於台灣的內部政治。因為美國的新立場，對於蔣總統宣稱他的政府是「中國」唯一合法政府，提出了挑戰，而這一挑戰威脅到了自 1949 年大陸人逃到台灣一直統治台灣本地人的理論基礎。即是，台灣是中國的一部份，而「中國國民黨」人代表流亡中的「中國

政府」。

這助長了增高中的台灣民族主義的浪潮，而製造出一種可能具有爆炸性的狀況。在政治與社會上受歧視的當地台灣人，已開始強調他們與大陸人的不同之處。因此，台語正在取代國語為官方語言，為商業語言。

新聞週刊又說：

意義重大的是「台灣獨立運動」的成長……尋求一個獨立的「台灣國」。「中國國民黨」領袖間反美的偏激狂，甚至促成一些官員指責美國支持「台灣獨立運動」，以希望獨立運動的勝利可緩和「兩個中國」的僵局。

■ 1987 年 10 月 19 日，台灣基督教長老教會組「人人有主張台灣獨立自由」牧師團，聲援蔡有全、許曹德台獨案。攝影 / 邱萬興

台灣的政治形勢迅速變化，「中國國民黨」政權危急，維持蔣氏
蔣氏政權「大中國政府」的其他三大支柱也已面臨挑戰，形將崩潰：

(1) 中華民國憲法

(2) 戒嚴令

(3) 萬年國會

1970 年代開始，「修改憲法」「解除戒嚴」和「國會全面改選」
的呼聲逐漸加強，已成為「中國國民黨」政府，特別是「台灣警備總
司令部」的夢魘，任何提出其中一個這樣的主張，都會被認定為「台
灣獨立」的主張，而主張「台灣獨立」是，「叛亂」行為，「叛亂」
行為是要依法判死刑的。

追殺「台獨」，成為悍衛蔣氏政權的主要工作。

追殺台獨保政權

「一個中國，一個台灣」早已是鐵一般的事實！這個世界已經接受了「一個中國，一個台灣」的存在。

---1964 年 9 月 20 日彭明敏、魏廷朝、謝聰敏《台灣人民自救運動宣言》。

「台獨」之主張根本危害我國體、國土、憲法及政府，持此主張者均屬叛亂而應依法治罪。

----1980 年 4 月 23 日外交部部長朱撫松在「美麗島事件」案判決後指示發函給駐美各辦事處，辯解有關案情。

■新店「安康接待室」。攝影 / 黃謙賢

（1）

　　蔣經國在蔣介石去世後，繼任主政，他不思民主開放把政權交給本地人民，反而採用高壓手段追殺「台獨」人士，壓制民主思想。

　　「安康接待室」與「第一法庭」的設立，就是為了追殺「台獨」人士，壓制民主思想。

　　1974 年在新店暗坑啟用「安康接待室」，一座完整的大型偵訊拘留室。1977 年在景美軍法學校建設這一間大型法庭，命名軍事「第一法庭」，準備審判即將發生的大量台灣反抗事件。

　　「台灣警備總司令部」在 1950、1960 年代，主要的逮捕、判刑、

槍斃對象，以參與「中國共產黨」及所謂匪諜為主。1970 年代漸漸移向「台灣獨立」案件。在「中國國民黨」政府喪失聯合國中國代表權席位以後，威脅「中國國民黨」的外省人政權，最大的力量已經是海內外的「台獨運動」及「台獨組織」。

「台灣警備總司令部」把任何主張以實際上統治範圍的台澎金馬做為國土範圍，或主張以「台澎金馬」為選區範圍選出新國會會員，或主張更改國號，重寫憲法，都認為是「台獨」主張，而主張「台獨」即是叛亂，一律送交「安康接待室」偵辦，再由軍法處軍事「第一法庭」審判。新設立的軍事「第一法庭」成為鎮壓台灣人民的白色恐怖的新舞台。

蔣介石、蔣經國與「中國國民黨」很清楚，國際社會及台灣人民已無可能再接受他是「大中國」（包括中國大陸及外蒙古地方）的政府。他們只能對外繼續用「自由中國」名號及「反共」口號獲取自由世界的一些支持，對內加強用戒嚴令下的「安康接待室」及軍事「第一法庭」，以白色恐怖的手段壓制「台灣獨立」思想及異議分子，以延續搖搖欲墜的蔣氏政權。

(2)

設立「安康接待室」抓人刑求偵訊，設立「第一法庭」開庭審判，然後以死刑相逼。軍法審判不是要維持正義，而在進行鎮壓。

「安康接待室」在 1973 年起造，1974 年 1 月 8 日完工起用。

■新店「安康接待室」瞭望台居高臨下。攝影／黃謙賢

其占地約 1400 多坪，房舍面積 533 坪（休養區 217 坪、工作區 152 坪、生活區 127 坪及宿舍 37 坪）。

「安康接待室」是隱匿於山林的情治機關，全名為「法務部調查局安康接待室」，位於今新北市新店區安坑地區雙城路、裕合街交會處，地址為雙城路 12 號。雖是掛名「法務部調查局」的機構，但「台灣警備總司令部」也派員入駐，共同使用。

「行政院促進轉型正義委員會」：《不義遺址：轉型正義的空間實踐》P.58 指出：

「安康接待室」所處的地勢居高臨下，所在位置是一處沿著安坑溪和五重溪河谷一帶所形成的淺山陵地，早期新店山區一帶主要是種

植茶葉、樟腦，加上安坑雙城地區周邊只有零星農舍，雜木環繞，建築所在位置相對隱密。整體而言，建築的北側地勢較高，入口處雖位於道路交界處，但需爬坡而上，外人難以接近；而南側低矮山壁環繞，與周邊社區相鄰。

「安康接待室」於1974年啟用後，承接「三張犁招待所」（位於台北市大安區吳興街），作為調查局在偵查階段，對政治犯進行拘禁、留質、偵訊及關押，被拘禁者在此地會受到監視、監聽，甚至被單獨監禁、疲勞訊問，過程中，可能根本無法接見辯護人。根據調查局資料，「安康接待室」使用的時間為1974年1月至1987年8月14日，期間依照《戒嚴法》、《戡亂時期檢肅匪諜條例》、《懲治叛亂條例》等，偵辦涉嫌叛亂、重大治安事件以及該局人員違法案件。

「安康接待室」和「第一法庭」雖是用來鎮壓「台灣獨立」的主張，但軍事法庭的判決書常常避開這些罪名，以免曝露台灣有「獨立建國」主張與運動的事實。當時軍事法庭審判案件都是不公開的秘密審判，但為宣傳起見，「台灣警備總司令部」還是會對外公布案件消息，只是被告判決的是用不同的事實，不同的罪名。

獨派色彩鮮明如廖文毅案、蘇東啟案、彭明敏案等，「台灣警備總司令部」有用匪諜案逮捕，或其他叛亂罪名相加，利用「懲治叛亂條例」或「檢肅匪諜條例」等法條捏造別的事實與罪名，以掩蓋臺灣人已有獨立自主主張的事實，唯恐這種想法傳播出去，會引起更多人的附從，打破蔣氏政權府所宣稱臺灣人支持他的「大中國政府」的說法。後來的「美麗島案件」也是這樣。

「叛亂犯」法條上是唯一死刑，1977年起造軍事「第一法庭」以後，由於政治環境的不同，「台灣警備總司令部」軍法處軍法庭，沒能像以前動輒判處死刑，但法條「唯一死刑」的規定仍在，軍方仍不時以「槍斃你」來恐嚇人民。

蔣介石政權在恐怖統治時期，究竟處死多少人，無法統計，運用暗殺手段及不經審判處死的無資料及文獻可查，至於有案可查的已經不少。

(3)

「台灣獨立」的思想與活動，發展甚早，至1971年後大為蓬勃發展。

「台灣獨立思想」及「台灣獨立運動」是時代產物，是台灣人民因應時代變化，調整思想，發展主張，規劃運動的結果。

「台灣獨立」的主張，不僅台灣本地人才會提出，從中國流亡或遷移到台灣的所謂「外省人」，也有不少人有這種主張。主張「台灣獨立」只是希望依據政治現實，進行台灣政治改革。

「台灣獨立」的含意，一是推翻目前統治台灣的外來政府，由台灣人民組織政府，實行民主政治；二是維持台灣主權獨立，不屬於任何國家。沒有「脫離」某一個國家的問題，只不再接受新的外來政府。

1960年後，海外各地「台獨運動」熱烈展開，有「台獨」意識的組織紛紛設立，但對「台灣獨立」這個主張卻有各種定義，概念不

是完全清楚一致。

1950 年，韓戰發生，美國總統杜魯門發表有名的聲明，指出：

台灣未來之地位，必須等待太平洋地區安全重建，對日和平問題解決，或經過聯合國考慮後，再作決定。

1950 年時，日本政府已從台灣撤退，但「對日和平條約」尚未簽訂，台灣在法律的形式上仍屬於日本國，但事實上，台灣是被主張仍是「中華民國」政府的蔣介石軍隊佔領統治。到 1951 年，日本才在「舊金山對日和平條約」上放棄台灣及澎湖主權。

日本放棄對台灣的主權，但台灣仍被自稱「中華民國」的蔣氏政權統治。

在這種複雜的場面，主張「台灣獨立」的各團體及各學者有不同的說法：

1, 延續 1950 年杜魯門時期，「台灣地位未定」的說法，主張台灣地位未定，應由人民公民投票，決定台灣的主權地位。

2, 台灣要獨立，必須脫離台灣的「中華民國」這個國家，或「中華人民共和國」那個國家，必須要宣布獨立，甚至進行獨立戰爭。多數在美國受過教育，長期居住在美國，熟悉美國獨立歷史的台灣同鄉，有認為台灣的獨立，必須與美國一樣，宣布與宗主國分離，甚至必須進行獨立戰爭。至於宗主國是北京「中華人民共和國」或是台北「中華民國」，有不同的主張。

3, 認定台灣已與北京的「中華人民共和國」分離各別，台灣只要推

翻蔣家政權，組織新政府建立新國家。

　　台灣民主化以後，「民主進步黨」與台灣多數獨派團體，主張台灣主權獨立，已是一個國家，為避免各種論述的紛爭，改用「國家正常化」一詞，來推動國家正名、制憲及加入聯合國，進行和平漸進的建國運動。

　　台灣的蔣氏政權主張他的政府是「中國」的政府，北京的政府是「匪偽政權」。他的「中華民國」領土包括大陸各省、內外蒙古、新疆（維吾爾）、西藏（圖博），任何與他立場不同的都是「叛亂」。被指為「叛亂」的，有統派，有獨派。獨派不論是哪種不同的論述，都是「叛亂」。

（4）

　　長期困擾「台灣獨立運動」的，除了台北的「中國國民黨」及北京的「中國共產黨」政府引用「開羅宣言」主張台灣已經「歸還」中國，又因《舊金山對日和約》只規定日本只放棄對台灣主權，沒有規定屬於哪個國家，因此有人一直認為「台灣地位未定」。

　　其實照《舊金山對日和約》的規定，台灣「確定」不再是日本的領土，台灣主權「確定」不再屬於日本，也「確定」不屬於中國或任何國家，台灣哪裡有「地位未定」的問題？

　　我在《舊金山和約—台灣的釋放令》書中，提到我早期在舊金山從事研究時，親自遇見的一段往事：

■姚嘉文著作「舊金山
　釋放令」。

　　美國有一首歌，名叫「我心留在舊金山」（I left my heart in San Francisco）。「舊金山和平會議」對台灣地位這麼重要，我們不可忘記，要常留心。

　　因《舊金山和約》未指定台灣歸屬，至今常有人認為台灣主權未定，這使我想起我在舊金山時的一段往事。我把這段往事，寫入台灣七色記「青山路」小說中。

　　一位黑人律師（傅萊曼 Mr.Freeman）問起為什麼有人說「台灣地位未定」。主角賴稻光律師解釋：

　　「因為當時的對日和約中，關於台灣的歸屬並未如開羅宣言一樣，規定歸屬中國，只是說日本放棄其主權而已。因為這樣……」

　　「因為這樣，所以說台灣地位未定？」那位黑人律師驚訝的問。

「是的。」

「這真是荒謬極了！那有這種理論！」黑人律師傅萊曼哼聲翻唇的說：「如果這話正確，那麼我傅萊曼這個人的法律地位也是未定了！」

「你在胡說什麼？」另一位白人律師克拉爾律師瞪著眼問。

「有什麼不對嗎？」傅萊曼律師笑著說，「我曾祖父一百年前得到白人主人解放時，他的釋放令（自由令狀）也只是說白人某某放棄對其黑奴某某的主權。他沒有說我曾祖父以後應該歸屬何人所有！如果我曾祖父因此而身份未定，那麼我……」

「胡扯，開玩笑——賴律師，我對這問題有些感到興趣。你是講台灣的政府主張台灣的地位未定？」克拉爾律師問。

「不！不！」稻光猛搖頭說，「我們政府不那樣講。」

「如果主張台灣地位未定，那麼就無法主張她和北京明確的是不屬於同一整體——猶如不同的公司一樣。在目前的這種國際情勢之下，主張分別不同的公司體，才能同時在聯合國做會員。『地位未定』？當然不！中華民國政府當然不可主張地位未定，我相信中華民國政府絕對有權利可以出現在聯合國，做一個完全的會員。像你我一樣，是個完全的人格！你們的地位完全確定！」

美國黑人因為主人的「自由令狀」而釋放，台灣也因日本的簽寫和約而得到釋放，舊金山和約可謂是台灣的「自由令狀」。

台灣如今主權獨立，各方面多同意台灣不屬於任何國家，因此沒

有「脫離」任何國家問題，故均能接受使用「國家正常化」一詞。

這個主張和「中國國民黨」政府的主張不同。在白色恐怖時期，任何挑戰「中國國民黨」政府主張，不承認這個政府是「中國政府」的，都屬於「台獨」，都是叛亂。

(5)

台灣人民一向有與其他國家隔離分治的觀念。

1661年鄭成功自福建地區撤退，進兵台灣，擊敗荷蘭東印度公司，佔領普羅民遮城，改赤崁地方為東都明京。台灣總地號為「東都」，別立乾坤，自建王國，走上獨立發展的道路。鄭氏政府是在台灣建立的第一個漢人政權。

鄭氏政府雖自稱是明朝的延續，但其在台灣實際上已成為一個獨立自主的國家。1664年8月，鄭經廢「東都」稱號，以「東寧」稱全臺灣，並以「東寧國王」自稱，在答覆滿清招降時，自稱「遠絕大海，建國東寧。於版圖疆域之外，別立乾坤」，對外與占據中國的清朝互不統屬，故稱「建國東寧，別立乾坤」。

滿清政府統治台灣時期，1721年，由農民朱一貴以「反清復明」為號召發起反抗事件。攻破台灣府城後，眾將擁立朱一貴為「中興王」，於今台南大天后宮登基。朱一貴尊明朝為正朔，承襲明朝的制度，國號「大明」，年號永和，封諸將為官，佈告天下，大封官吏千餘人。

　　1787 年 1 月，因台灣府知府取締天地會，天地會領袖林爽文率眾劫獄反抗，號稱五十萬眾響應，2 日後攻下彰化城，殺台灣知府孫景燧、彰化知縣俞峻、理番同知、北路協副協等人，豎旗彰化縣，建元「順天」被推為「順天大盟主」，尚未明確建立國家。

　　1862 年，彰化縣又發生戴潮春事件，是台灣歷時最久的民變，影響範圍北至大甲，南至嘉義，遍佈台灣西部地區。戴氏政權曾雄據地方三年多。

　　1895 乙未年，滿清政府將台灣澎湖割讓給日本，治理台灣的官員及士紳籌組「台灣民主國」，雖然事未成功，但感受到台灣的命運與亞洲古老落後的中國有所不同，因而發展出不同的建國方向。

　　「台灣民主國」是亞洲少見以「共和國」民主政府的姿態出現的國家形態，對當時的中國及未來的台灣，影響很大。

　　日治時代，1915 年，發生「噍吧哖事件」。這是台灣日治時期諸多起事之中規模最大、犧牲人數最多的一次。主事人余清芳自任「征伐天下大元帥」，登基成為「台灣人的皇帝」，成立「大明慈悲國」，為武裝反抗日本在台灣的殖民統治而建立的一個帝制政權，傳二帝，歷時約 1 年。

　　1945 年，日本國宣布投降，有多位台灣士紳進入台灣總督府，向台灣總督安藤利吉請求協助台灣獨立，但遭到安藤利吉拒絕。「台灣警備總司令部」在 1946 年 3 月拘捕了林熊徵等臺灣士紳，進行審訊。「台灣戰犯軍事法庭」在 1947 年 7 月 29 日判決，許丙、林熊祥各判處 1 年 10 個月有期徒刑，簡朗山、徐坤泉各判處 1 年有期徒

刑，辜振甫則被判處 2 年 6 個月有期徒刑。官方資料中，稱此事件是受到日本軍方人士煽動，但在歷史學者的研究中，其動機與過程尚有爭議。

日本戰後退出台灣，中國南京政府的「中國國民黨」入台受降，官吏軍人腐敗暴虐，台民失望，爆發「二二八事件」。1949 年蔣介石的「中國國民黨」政府被逐出中國，逃難台灣，「台灣獨立」的聲浪在海外迅速捲升，其中最有名，影響最大的，是在日本的廖文毅「台灣共和國臨時政府」事件。

廖文毅，1910 生，台灣雲林西螺人，美國俄亥俄州立大學工學博士。1956 年 2 月 28 日，在日本的廖文毅博士領導的「台灣臨時國民會議」發表「台灣共和國獨立宣言」，組織 「台灣共和國臨時政府」。1957 年整理歷年來發表的《對聯合國的請願書》、《福爾摩沙發言》(Formosa Speaks) 及《祖國台灣的命運》等文件，整理出版《台灣民本主義》一書。 國史館的葉亭葶博士稱這是「戰後第一代的台獨運動」。

「台灣共和國臨時政府」成立後，向國際社會宣揚「台灣獨立」建國的主張，得到各方的迴響。蔣介石以自命為「中國」政府的姿態獨裁統治台灣，外交內政諸事不順，廖文毅在日本推動「台灣獨立」運動，在國際上有一定的成果與影響力，對韓戰後政權稍為穩定的蔣氏政權，造成很大的困擾與威脅。

1960 年，蔣介石尋求第三屆連任，百般設計，派人到東京遊說，並以親人及「台獨」同志的生死相逼，誘迫廖文毅回台。

　　1961 年，聯合國大會通過蔣氏政府主張為其領土範圍的「外蒙古地方」，以「蒙古人民共和國」名義加入。作為聯合國安理會的會員，享有否決權的蔣政權，無力阻止，國內外聲望大落，更需要策動廖文毅回台。

　　據杜謙遜牧師《台灣共和國大統領—廖文毅略傳》記載，蔣介石與蔣經國父子開立誘其接受返台優渥的七項條件：

1, 保障生命安全，身體自由，不得以任何手段或罪名入罪。

2. 發還被政府所沒收之私人財產（約值時價一億二千萬元）。

3. 同志黃紀男、廖史豪、廖蔡綉鸞、廖溫進等人全部釋放。

4. 若有意出任公職，應給予部長級職位禮遇。

5. 若有意擔任國營事業，可給予「台糖董事長」職位。

6. 若自創事業，則給予銀行融資貸款。

7. 一切行動自由，並可自由進出台灣。

■廖文毅於 1965 年 6 月 12 日下午在台北舉行記者招待會，報告返國後的感想。
圖片提供 / 中央通訊社

　　廖文毅回台灣以後，「中國國民黨」政府並沒有完全實現這些諾言，一直到當年(1965)12月8日，才發表派任省府顧問兼「曾文水庫建設籌備委員會副主委」，而答應發還的財產只返還七百多萬。廖文毅住台北天母，在監視下稍可自由活動。

　　「曾文水庫建設籌備委員會」每月在曾文水庫開會一次，廖文毅出席很少發言。有一次，因討論淹沒區居民遷建問題有發言，不久成立遷建輔導小組，由他擔任招集人，1968年11月29日在台中開會一次。

　　廖文毅被安置在深山林內的台南縣楠西鄉的水庫工作，有被懷疑流放邊疆，阻止他與台灣社會接觸。實際上他在監視下稍可自由活動，「中國國民黨」政府誘勸廖文毅回台，目的在宣傳，並沒有完全限制他的活動。

　　為了加強宣傳效果，蔣介石特別親自接見，並要求蔣經國要與他以兄弟相稱，各種媒體競相報導。但是，宣傳發生不同的效果，反使臺灣社會瞭解到海外「台獨運動」的存在，讓台灣社會知道更多海外「台獨運動」的訊息，也引起黨內某些人士不滿，認為給「叛徒」太多禮遇。

　　時任黨中央政策委員會副祕書長的阮毅成在他的《中央工作日記》提到：

　　廖文毅返國，事先在宣傳方面，未能妥善佈置。各報對其私人事件過份渲染，致沖淡其解散台獨效忠國家之號召作用。

　　郭澄、薛人仰均謂接調查局電話，但已安排廖於下周赴中興新村訪問，並囑省政府準備簡報。現在省議會正在舉行大會，省議員已紛紛以政府對廖寬大過份有所私議。並謂廖在日本業已窮途末路，而國內如此重視，是無異獎勵叛亂。且省議員中有人謂彭明敏只不過印刷傳單尚未分發，亦無組織，往判重刑；廖在海外公開自稱「台灣共和國」，自組政府，自稱大統領而竟於返國時受到如此歡迎，兩事相較，亦屬不平。

　　近日台省人士，多以廖有被查封之財產一億八千萬元，政府將予發還，竭力欲與其接近，或助其投資，或勸其創業，思於其中有所染指。至如命廖赴各縣市訪問，更將到處掀起高潮，尤屬危險。

　　谷鳳翔謂廖文毅返國事係司法行政部調查局經辦，該局局長沈之岳事先報告總統，得其許可。惟廖為安全計，一再要求保密。我方曾為廖準備有書面聲明，由今日之主席修改後，送至日本經廖簽字，於上飛機前交駐日大使魏道明，囑其於飛機啟航後發表。乃魏並未親自處理，轉交大使館新聞參事虞為，虞以為廖已啟行，大使又並未交代發表，遂置於衣袋中，未送各報。而聯合報駐日記者向虞探詢廖有無文件留下，虞乃交其抄錄一份，以電報傳至台北報社，故聯合報刊有此文，其他各報均無記載。總裁見聯合報後，曾嚴詞責詢中央日報曹社長聖芬何以漏載。又，廖於到臺灣機場後，亦曾為其準備談話稿，交由第四組送至松山機場。乃機場秩序欠佳，廖又血壓高，四組人員未有機會使廖閱讀該稿，故未予發表。其實廖即使未能閱稿，亦可交各報記者，廖必不致否認。可見四組人員辦事能力之差，四組應負其

責。廖此後行動，宜由中央指導，不能聽由調查局單獨盲目安排，至赴台中訪問與赴各縣市一節，自應暫緩。

事實上，「台灣獨立」思想的產生及「台灣獨立」運動的推展，是時代的產物，即便廖文毅放棄在日本的「台獨運動」，台灣島內島外的「台獨運動」並沒有停止。

1964年，國際形勢逐漸變化，但蔣介石領導的政權，仍死守外來政權的立場，不願進行改革。國立台灣大學法學院教授彭明敏教授與學生魏廷朝、謝聰敏乃發表《台灣人民自救運動宣言》主張改革，雖然傳單未能大量散發，但流到海外，轉傳國內，引發不少啟示作用，對台灣民主運動及建國運動，有很大的影響。《台灣人民自救運動宣言》首先提出：

■ 1994年魏廷朝、彭明敏教授、謝聰敏攝於自救宣言30周年紀念晚會。圖片提供／魏筠

　　一個堅強的運動，正在台灣急速地展開著。這是台灣島上一千二百萬人民不願受共產黨統治，不甘心被蔣介石毀滅的自救運動。我們要迎上人民覺醒的世界潮流，摧毀蔣介石的非法政權，為建設民主自由，合理繁榮的社會而團結奮鬥。我們深信，參加這個堅強運動，使這個崇高的理想早日實現，是我們每一個人的權利，也是我們每一個人的責任。

　　宣言強調「一個中國，一個台灣」早已是鐵一般的事實！

　　不論歐洲、美洲、非洲、亞洲，不論承認中共與否，這個世界已經接受了「一個中國，一個台灣」的存在。

　　又宣佈「反攻大陸」 是絕對不可能的！凡是具有起碼常識的人們，都會毫不遲疑地下這樣的判斷。

　　為什麼蔣介石仍然高喊「反攻大陸」？因為這個口號正是他延續政權，驅使人民的唯一手段。

　　自救宣言提出 3 個目標及 8 個原則：

目標（1）確認「反攻大陸」為絕不可能，推翻蔣政權，團結一千二百萬人的力量，不分省籍，竭誠合作，建設新的國家，成立新的政府。

目標（2）重新制定憲法，保障基本人權，成立向國會負責且具有效能的政府，實行真正的民主政治。

目標（3）以自由世界的一份子，重新加入聯合國，與所有愛好和平的國家建立邦交，共同為世界和平而努力。

原則（1）遵循民主常軌，由普選產生國家元首。

原則（2）保障集會、結社和發表的自由。

原則（3）消滅特權，革除貪污，整肅政風，改善軍公教人員 的待遇。

原則（4）樹立健全的文官制度。

原則（5）保障司法獨立。

原則（6）廢止特務制度。

原則（7）確保人民對國內外通信、遷徙與旅行的自由。

原則（8）以自衛為原則，裁減軍隊。

1969 年海外「台獨」組織整合為「台灣獨立建國聯盟」（WUFI, World United Formosans for Independent）。國內外情勢的發展，使美國開始體認到為美國利益，應逐步改變「中國國民黨」內部的權力結構，讓島上的「中華民國」政府逐步拋棄「代表全中國」此一不切實際的想法，強化民意基礎，以達到名實相符。

不只本土人士主張放棄「大中國政府」架構與謊言，大陸來台的有識人士也主張台灣應依照現實情況進行改革。

早在 1960 年，辦理「自由中國」雜誌的雷震，因指出蔣介石

■《自由中國》雜誌創辦人雷震。
攝影／張富忠

沒有能力反攻大陸，又不支持他違憲連任第三任，在他籌組「中國民主黨」時，製造罪名逮捕判刑，企圖阻止外省人士挑戰蔣氏政權。

1971 年坐牢 10 年出來的雷震，看到聯合國大會決議不再承認台北的蔣介石政府有代表「中國」的資格，為避免台灣淪為中國的一部分，主張將台灣定名為「中華台灣民主國」以示與北京政府無關。

國立政治大學薛化元教授說，雷震的想法是在確立「兩個中國」主張。

薛化元教授在《上報》發表文章表示，雷震在 1970 年出獄後，見當年聯合國會員國支持「中華人民共和國」代表「中國」的國家越來越多，超過支持「中華民國」政府的數目，認知到國際情勢的發展不利於「一個中國」架構下「中華民國」政府的存立。雷震又認為台灣海峽兩岸的定位，應是「兩個中國兩個政府」。他反對所謂的「一國兩府」，反對「一國兩席」方式。他認為若不改革，「恐怕將來希求兩個中國而不可得」。

1971 年 10 月聯合國通過 2758 號決議案後，雷震具體起草《救亡圖存獻議》，指出：

國民黨政權逃來台灣以後，蔣家父子居然只知加強統治，建立蔣家小王朝，在政治上有計畫的反民主、反自由、反法治，在早已不能代表全中國以後，竟也不能代表全台灣。

進而指出：

在國際法上，有關政府的承認，雖然有事實說與法律說之分，但

事實上有效統治這個國家的土地與人民，畢竟為絕大多數國家所採用。還是由於國際政治兩大陣容特別是美俄兩大強權的對立，美國的苦苦維持，國民黨政權才能一年又一年的勉強保住聯合國席位。

用「大中國」的政府架構方式維持政權，有其困難。1971年，聯合國大會通過決議案後，世界各國紛紛與台灣的蔣介石政權（「中華民國政府」）斷絕關係。長年支持蔣介石政權（「中華民國政府」）的美國政府也改變對中國的外交政策，也將與蔣介石政權斷絕關係，承認北京政府。

當時擔任外交部次長的楊西崑，也主張將台灣定明為「中華台灣共和國」。據美國駐台北大使馬康衛報告，1971年1月30日與楊西崑密談後，向華府報告。楊西崑自稱在「去年冬天」便向蔣介石報告，「退出」聯合國是「中華民國」政府的「政治自殺」，他認為要保衛「中華民國政府」及台灣人民的未來，政府必需採取以下措施：

第一，向世界宣佈，「在台灣的政府，與大陸政府完全分離（separate，或譯獨立），因此，在台灣的政府與大陸完全無關（will have nothing to do with the Mainland）」。

第二，聲明應以「中華台灣共和國」政府的新名義發表，並聲明「中華」一詞沒有政治意涵，只是台灣住民原屬族裔的通稱，有如阿拉伯國家正式國號冠以「阿拉伯」的作法。

第三，發表聲明的同時，或隨後不久，總統行使緊急命令權，棄置現有憲法，解散現有國會，成立一院制國會，其成員分配三分之二台灣籍，三分之一外省籍。

第四，新內閣包括台灣人及年輕人。

第五，緊急命令應規定普遍選舉權及以公民投票決定台灣未來地位及憲政機構。

楊西崑模式的要素：是與中國「一邊一國」，新政府，新國會，人民自決，公投新憲法，新國號。所謂「中華」只限文化意涵。

據楊西崑觀察，蔣政權內部堅持法統不變，寧可「政治自殺」的是宋美齡與孔令侃。老臣張群、嚴家淦、黃少谷、張寶樹憂心情勢，但對改變未置可否。葉公超和李國鼎則跟他有類似想法。

1975 年蔣介石去世，蔣經國尚未完全掌握局面，黨內有世代交替的黨爭，政府有改變外交與內政政策的壓力，號稱代表全中國的國會（國民大會與立法院）面臨全面改選的要求。其他的以保護外省人利益為目的的法律規定與政府政策，都面臨挑戰。「中國國民黨」政府長期建置的「大中國政府」體制面臨崩潰。

台灣本土意識高漲，「台獨運動」來勢洶洶。

1975 年底，發生白雅燦案件。

白雅燦，彰化花壇人，政治大學法律系畢業，1975 年計畫參選立法委員，12 月 20 日發表《競選本年（六十四）十二月二十日立法委員增補選舉聲明書》，向蔣經國提出《解決台灣問題的先決條件》的 29 條的主張，呼籲蔣經國率先公佈私人財產，並責問蔣經國對其父蔣介石遺產繼承的遺產稅繳納的情形。

白雅燦的主張還包括國會應解散老國會，電視臺語節目比例，釋

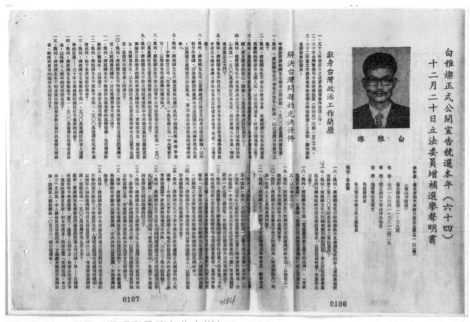

■ 1975 年 12 月，白雅燦參選台北市增額立委聲明書。

放政治犯，廢除戒嚴令，裁撤「臺灣警備總司令部」等敏感問題。

　　蔣經國集團看到這事的傷害力及嚴重性，迅速發布懸賞新台幣 30 萬元緝拿，各地搜收聲明書傳單。黨外人士雖關心此事，但因當時蔣宋美齡正在與蔣經國爭權，所謂「太子派」與「太后派」政爭，雖然關心白雅燦事件，但多不表意見，也沒有採取甚麼行動。

　　白雅燦的聲明戳破「中國國民黨」政權統治的假面具，批判了正在鞏固統治地位的蔣經國，案件迅速進行起訴審判，指責意圖推翻政府，涉嫌叛亂，判處無期徒刑。

(6)

　　1971 年「中國國民黨」政府在聯合國大會失去地位，美國尼克森總統又宣布計畫訪問中國，引發國內人心惶惶，擔心台灣有被併吞的危險。「台灣基督教長老教會」發表《國是聲明與建議》，強調台灣人民雖然背景不同，但都愛著這個島嶼，不願在共產極權底下生活，台灣人民有權決定自己的命運。

　　聲明中也建議「中國國民黨」政府比照「西德模式」，全面改選中央民意代表。然而，正是這樣主張觸怒了當局，加強打壓教會。蔣經國總統繼任後，在「國語運動」的影響下，台語和原住民語的聖經都被查禁，情治人員甚至進入教會沒收聖經。

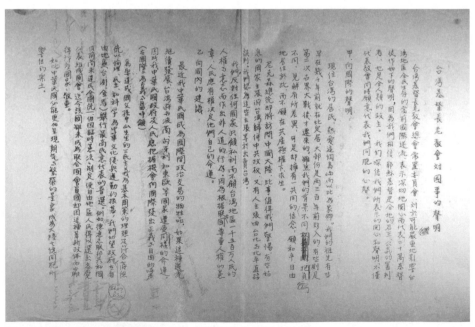

■ 1971 年 12 月，台灣基督長老教會對國是的聲明與建議。

　　「中國國民黨」政府為維持其「外省人政權」，主張其為「大中國政府」，因此主張國會必須大多數是外省人，中央政府高級官員必須大多數是外省人，國家公務員高等考試普通考試錄必須保障外省人，任何人反對這種政策就是就是「台獨」。「台獨」，就是「叛亂」。

　　彭明敏教授以後釋放被軟禁在家的時候，有一次，我們去拜訪他，他提到一件事。他說有一次參加一場會議，有一個號稱民主人士的外省人（好像是「民社黨」人），發言指責「中國國民黨」不願推動政治改革。那人批評國民黨若再不改革，台灣政權遲早會被台灣「土人」拿去。

　　彭明敏教授聽了那話，說台灣人民被稱為「土人」很不舒服，也體認到有些外省人口口聲聲向政府爭民主要改革，只是要分享外省人的特權。

　　康寧祥委員在他的書《台灣，打拼》批評蔣經國：

　　對於這些結構性的問題，生前都是採取消極、排斥的態度，導致蔣家政權在台灣始終欠缺正當性，雖有統治的威權卻缺乏天下為公、還政於民的心胸，只敢在「父權式領導」的統治手腕上放鬆放軟，仿效古代明君，做些大赦減刑、延攬故舊、親民愛民等演出，現代、西方普世認同的價值包括民主、自由、人權，他都裹足不前。

　　1979年「美麗島案件」在偵訊期間，偵辦人員主要在追查「台獨」思想與及組織。「中國國民黨」當局應是考慮到台灣社會並不排斥「台獨」，所以雖不斷宣傳主張「台獨」是叛亂行為，是可能被判使死刑的行為，但是「美麗島案件」並未用「台獨」罪名起訴審判，而用「高

■ 1979 年發行的《美麗島》雜誌。

雄事件」的衝突事件起訴審判，所有官方文件都用「高雄事件」而不稱「美麗島事件」。

今日許多學者在研究 1979 年的「美麗島事件」，都集中焦點在當年 12 月 10 日發生在高雄市新興警察分局前面的所謂軍民衝突的事件，而不提「美麗島雜誌」的發行、組織與雜誌內容與主張。這是中了「中國國民黨」當局轉移焦點的陷阱。

「中國國民黨」當局在乎的是「美麗島雜誌」所宣揚的思想，「台灣警備總司令部」想鎮壓的是「美麗島雜誌」所宣揚的三大主張，如果不提這三大主張，不能了解「中國國民黨」當局為甚麼對「美麗島雜誌」的發行那麼緊張，為甚麼要用那麼大的精神去鎮壓，台灣社會為甚麼那麼支持「美麗島雜誌」，「美麗島雜誌」為甚麼那麼暢銷。

「美麗島雜誌」所宣揚的三大主張是：

解除戒嚴

國會全面改選

修改憲法

這三項主張，是當時台灣普遍在討論，而且是多數支持的訴求。

1972 年當年在舉行中央民意代表選舉時，已有候選人將「中央民意代表全面改選」列為政見，各地選舉監察小組（地方檢察處檢察官擔任）並沒有甚麼意見，照常登載在選舉公報上。六年後，1978年再舉辦中央民意代表選舉時，台灣社會已經不同，對「國會全面改選」的議題已被普遍討論，支持的聲量與前不同，可能引起老國大老立委的緊張，「中國國民黨」當局恐已擔心動搖他們「外省人統治」的基礎，於是由「台灣警備總司令部」下令各地選舉監察小組取締，不准將「國會全面改選」或「中央民意代表全面改選」的政見登載在選舉公報，也不准在公辦政見會上發表。

至於「解除戒嚴」的主張，更直接影響「台灣警備總司令部」的存廢，軍方更不遺餘力的打擊。

「修改憲法」的主張未提憲法內容如何修改。當時，「台灣警備總司令部」公開表示，「中華民國憲法」是神聖不可侵犯的，主張修改憲法，就是在挑戰「中華民國憲法」的神聖不可侵犯性。

在「中國國民黨」當局或「台灣警備總司令部」看來，不論主張「解除戒嚴」，主張「國會全面改選」，或主張「修改憲法」，都是

「台獨」主張，都是叛亂行為。為了捍衛他們的「外省人統治」，為了維持蔣氏政權，都必須全力打擊。起訴「美麗島案件」是「中國國民黨」當局打擊「台獨」主張最大的案件。

1960 年代，「自由中國」發行人雷震反對蔣介石連任，挑戰蔣介石所宣稱的反攻大陸，再加上籌組「中國民主黨」，因而被蔣介石逮捕下獄，但判刑的罪名不是這些，而是「知匪不報」。

「美麗島案件」本是要打擊「台獨」，先只說毆打軍憲的暴力行為，最後是用「意圖推翻政府」的空洞叛亂罪。

1979 年 12 月 13 日開始進行大逮捕，據「台灣警備總司令部」1980 年 1 月 22 日簽報「國家安全局」、《1210 專案涉嫌份子綜合名冊》所載所逮捕人員分為三部分：（1980 年 1 月 21 日「台灣警備總司令部」極機密清冊）

安和計畫一、二號計畫黃信介等 24 人：

黃信介、姚嘉文、張俊宏、呂秀蓮、陳　菊、王　拓、林義雄、周平德、紀萬生、張富忠、蘇秋鎮、楊青矗、陳忠信、魏廷朝、邱奕彬、邱茂男、范政祐、陳博文、蘇慶黎、邱垂貞、范巽綠、施明德、蔡有全、林弘宣、

（二）安和計畫三號約談告誡者除張美貞、陳彩龍等外到案計 17 人（其中蔡垂和乙名收押偵辦中）

魏廷昱、何春木、蔡百堯、張美貞、謝秀雄、陳採龍、林慧珍、

魏玉麟、林劍奇、林景元、林應專、蔡垂和、黃煌雄、張德銘、

何文振、謝三升、蘇治芬、吳清吉、曾心儀、

（三）清從專案

1, 自首投案者計林秋芳等 62 人（本書注：清冊人數為 68 人）（告誡
飭回 19 人，交保候傳 四 41 人，收押 2 人。）

林秋芳、吳東壁、邱恩聲、陳清白、鄭加泰、李孋娗、邱春山、

許應淼、馮輝勇、范榮盛、袁阿東、林瑞棠、徐榮添、賴正雄、

曾燦焜、黃昭凱、蔡文瑞、黃明潭、郭勝和、陳泰源、林亞卿、

曾獻斌、石芳三、蔡國興、楊文章、林安順、江吉正、洪天時、

施芳仁、詹仁榮、冬聰凜、黃慧齡、王炯棟、李世民（李明憲）

陳家三、方天寶、張錫坤、蔡河田、何開三、賴茂州、林今盛、

林哲雄、林子玉、陳秀賢、林文宗、杜開敦、賴文秋、黃蕾芳、

黃招發、黃榮二、王明山、許榮耀、劉洸珍、陳銘旭、黃天王、

魏正福、魏正洲、陳世和、劉華明、劉泰和、謝秋養、王俊貴、

賴傳能、張高州、朱銀票、許慶文、戴同英、朱明傳、

2, 追查到案計李萬生等計 108 人（告誡飭回 49 人、交保候傳 52 人，
收押 37 人）

李萬生、宋松尾、鄭進福、林繼仁、施國興、邱鴻成、莫正義、

張錦華、許應棠、黃玉團、吳王喜、王春宙、陳金利、黃金望、

張吉雄、陳敏雄、賴聰彬、徐國樑、李重吉、王曉明、楊瑞龍、

陳朝興、魏新高、張哲彰、高明成、陳文輝、李和周、江正吉、

廖竹和、周 渝、謝武雄、張輝雄、詹茂仁、蔡啟東、黃過日、

劉啟超、蘇錫輝、龔乾隆、蔡渠昭、劉詩調、孫賢勳、洪明泰、

黃 本、莊敏政、王德中、王小梅、張水木、王朝明、莊壽郎、

張武彥、江成根、張榮華、林宗耀、林世煜、莊金書、林松村、

洪壽培、吳珠村、洪壽泉、賴建盛、蔡榮標、羅榮貴、陳振福、

陳明德、陳來福、陳三乾、張深金西、蔣清柳、江克能、林調枝、

張德龍、許江金櫻、楊文宗、蘇振祥、吳振明、鍾應承、李長宗、

王聲閔（原王文聰）、 蔡精文、林茂順、鄭官明、許淇潭、

余阿興、吳文賢、邱勝雄、陳福來、張金章、蔡文招、洪裕發、

陳瑞慶、許天賢、楊豐榮、潘來長、姚國建、簡英俊、陳振昇、

王進利、傅耀坤、邱明強、辜水龍、張溫鷹（張瑞瑛）、許晴富、

吳 文、林文珍、黃昭輝、施瑞雲、林樹枝、趙振二、戴振耀、

陳慶智、陳成茹、陳文仁、蔡慶安、蕭裕珍、翁炯義、王滿慶、

林時男、黃仁吉、張國華、蘇仁泉、陳和太、劉發軍、林勘治、

李國男、鍾東森、陳嘉盛、徐源峯、古德虎。

　　據各方事先的傳說，軍方認為要鎮壓「台獨」主張者及反對人士，至少要逮捕 200 人，但案發以後軍方或許遇到困難，沒能如願全部起訴判刑，而且，必須把大部分被逮捕的人移送司法法院。

　　以上名單幾乎包括所有台灣熱心參加民主運動的人士。當時社會所傳聞「台灣警備總司令部」計劃逮捕兩百多人，應是指這些名單。

(7)

　　以外省人政權的姿態壓制本地人利益及地位，有許多方法，其中一個例子是「高普考省區配額錄取制度」。

　　所謂「高普考省區配額錄取制度」，是「中國國民黨」南京政府在 1947 年制定的「中華民國憲法」的第 85 條這一規定：

**　　公務人員之選拔，應實行公開競爭之考試制度，並應按省區分別規定名額，分區舉行考試。非經考試及格者，不得任用。**

　　這個規定本是「中國」全國分區辦理公務員考試時保障各省區平衡錄取，避免錄取者集中在少數省區的設計。

　　「中國國民黨」蔣氏在台灣另建政權時，因只在台灣地區辦理考試，本不能適用南京時代的「按省區分別規定名額，分區舉行考試」的制度，而參加考試的都是居住在台灣地區的學子，其中雖有部分具有各外省區籍貫的考生，但考取後仍在台灣地區服務，與台灣省籍的考生並無不同，沒有另設配額的理由。

　　而且，所謂中國大陸各省區的人口統計，是以內政部 1948 年的資料一直延用計算。

　　1962 修正考試法，於第 21 條第 2 項原條文「全國性之公務 人員高等考試、普通考試應分省區或聯合數省區舉行，並應按省區分定錄取名額，由考試院於考期前三個月公告之，其定額標準為省區人口在三百萬以下者五人，人口超過三百萬者，每滿一百萬人增加一人」之後，增列「但仍得依考試成績按定額標準比例增減錄取之。對於無人達到錄取標準之省區，得降低錄取標準，擇優錄取一人，但降低錄取標 準十分，仍無人可資錄取時，任其缺額。」但書規定

　　考試院在適用這些規定時，早就覺得制度上對台灣籍考生不公平， 試著用各種方法稍為調整。以後憲法修訂，廢止該制度。但在考試法。在未修法前，考選部曾報請考試院 1990 年 5 月 3 日第會議通過，自 1990 年起暫停適用公 務人員考試法第 13 條末段「對於無人達到錄取標準之省區，得降低錄取標準，擇優錄取一人。但降低錄取標準十分，仍無人可資錄取時，任其缺額」之規定。

　　1975 年，我在「台灣政論」發表一篇《高普考還要論省籍嗎？》批評高普考這「按省區分配額」錄取制度的不公平。文章發表後，蔣經國在立法院拍桌子抨擊說我的文章歧視外省人，說大家都是中國人，為甚麼外省考生不能被錄取？說我根本是在挑撥離間，「這樣的煽動挑撥，星星之火可以燎原，萬萬要不得。」

　　有一位學者以「謝無忌」（應為筆名）寫過一篇文章，指摘考試院「抱殘守缺」。他說：

■姚嘉文在台灣政論發表高普考還要論省籍嗎？揭開改革國家考試序幕。

一九五零年台灣開始辦理高普考試，本來依照考試法原來規定，只能辦理台灣省區考試，但考試院只用集中考試，分省籍定額的辦法，與憲法與考試法的規定，背道而馳。

當時中國各省來台人數與各省區原有人數不成比例，不但台灣人吃虧，而且也會發生大陸各省應考人之間不公平現象。一九五一年台籍人數突然增加，本省外省人不公平現象很嚴重，當年總到考人數為二四零九人，其中台籍有七七四人，為總人數的三分之一，但錄取人數依照規定標準仍只有五百四十八分之九（因台灣人口增加，名額增加一人）。

學統計出身的姚嘉文，收集各年度及格人員的資料，攻擊考試院抱殘守缺。這種殘存的分區定額制度的不合時宜，政府不但不想廢止，並且在一九六二年進一步改考試法，保障無人錄取的省區，增列「但書」規定。如果某一省區無人錄取，對於未達及格標準的該省應考人中成績雖未及格，但成績不低於十分者（如六十分及格，有人在五十分以上者），可以錄取一人。一般高普考的競爭很激烈，常常因零點一分之差落榜，降低十分的優待，絕對是不公平的事。

康寧祥委員的回憶錄《台灣，打拼》書中，批評蔣經國說：「這樣一個假扮開明、敷衍民主的外來統治者，碰到有人談論省籍問題，就會高度敏感。」他批評蔣經國既未讀那篇文章，又欠缺被批評的雅量，只看到立委的「二手傳播」就發火。康寧祥委員《台灣，打拼》書上提到蔣經國看到《台灣政論》刊出我的《高普考還要論省籍嗎?》一文後的反應：

1975 年 10 月 3 日他在立法院會就以「星星之火可以燎原」來表達他對這類議題的態度，那不是對立法委員的答覆，而是為一位資深委員寫給他一封信，提到《台灣政論》第二期（1975 年 9 月 1 日出刊）姚嘉文那篇「186 比 1 的差異……高普考還要論省籍嗎？」的文章，他可答，可不答，甚至私下回個信都可以，但是他選擇在立法院的總質詢公開答覆，而且以「星星之火可以燎原，萬萬要不得」來重責該文的作者及編輯，充分展現他對省籍問題的態度。

蔣經國說：「這篇文章看起來相當刺目，這 186 人是指台灣以外其他各省的人，而台灣省的只有一人，可是寫這篇文章的先生可能

不太瞭解，過去在大陸上，憲法有此規定，由於各省人口數不同，所以對各省人的錄取比例，就有了不同的規定，但是到了台灣以後，已經有所改變，現在高、普考及格者，有百分之七、八十是本省同胞，照人口比例，這是應該的，我認為以這種題目來刺激人心，根本是挑撥離間，這樣的煽動挑撥，星星之火可以燎原，萬萬要不得！」

蔣經國在大議場說這話時，我在台下親耳聽了，隔天10月4日，考選部對此發佈聲明，刊登在台北各報，只是，立法院公報登出來，蔣經國答覆中的「星星之火可以燎原」改成「我認為以這種題目來刺激人心，萬萬要不得！是有害無益的！」不知道為什麼？似乎有人擔心蔣經國那天罵得過火了，幫他在立法院的官方紀錄做了修飾。

10月5日我碰到姚嘉文，還跟他轉述蔣經國當時談話的情形，半開玩笑地跟他說：「你死啦！蔣經國點你名，說你星星之火可以燎原！」姚嘉文後來特地在《台灣政論》第四期寫了一篇補充說明。

姚嘉文那篇文章所說的「186比1，每一個在台灣的外省人擁有比台籍人士一百八十六倍的機會可以考上高普考。」是指高普考試如果按照曾經實施的「分省區配額」制度，將會如此不公，那頂多是在討論一個「存在而不適用」的制度罷了，並沒有刻意扭曲事實，像蔣經國所指控的「刺激人心」、「挑撥離間」。

(8)

因省籍不同而有不公平最明顯的是萬年國會。威權時代的立法院

國民大會以 1947 年在中國大陸各省選出的老立委老國代終身留任，成為台灣的貴族，不但享受優厚的待遇，而此專有國會的立法權及憲法的人民主權，成為蔣氏政權的御用橡皮章。當這些老立委老國代逐漸凋零時，「中國國民黨」人又提出「大陸代表制」，想延續外省人政權的統治。

以後在推動國會全面改選時，有人不斷提出「大陸代表制」主張，仍要由在台灣居住，保有外省籍的外省人出任國會議員，代表大陸各省人民。

有一次，在一個關於國會改造的座談會上，與會的有中國河南省籍的趙少康，又在提倡他們常說的「大陸代表制」主張。

他照常在說，我們是「中華民國」，不是台灣國，我國領土不只台灣澎湖，國會的議員不能只由你們台灣澎湖的人選出，還要由大陸各省的人民選出。他說：

我們大陸各省的人民比你們台灣省的人多，我們是多數，你們是少數，少數服從多數，是應該的。

至於「大陸同胞」怎麼選舉？大陸各省的國會議員誰來擔任？「由在台灣具有大陸各省籍貫的外省人代表擔任！」

在場與會的許多人聽不下去，有人催我出來反駁。我本不再爭這種議題，有人再催，我嘆了一口氣，站起來說：

我贊成趙少康的說法！台灣的外省人可以代表中國各省的人民在台灣的國會擔任國會議員……

大家嚇了一跳。

我接著說：

有那一省籍的人要在台灣國會代表那一省的人民擔任國會議員，請先要把該省的稅金交來。因為……因為只有繳稅的人民才能選代表，只有繳稅的人民才能有代表在國會審查預算。

大家鬆了一口氣。

趙少康沒有再發言。

這種「大陸代表制」論調，在 1995 年討論總統選舉制度的改造時，馬英九這些反對「總統直選」人們，不贊成僅由台澎金馬的「公民」直接選出總統，主張應由全國（包括中國大陸及外蒙古）地區「國民」及國外 3000 萬華僑選舉。他們主張所謂「委任直選」，由在台灣的外省人被委任代表大陸各省「同胞」投票選舉總統。

這個主張沒有被接受。

1992 年戶籍法修定，廢止「本籍」（籍貫）制度，改注「出生地」，省籍不公之事，稍見緩和。「大陸代表制」的主張，不再被提起。

(9)

1977 年 8 月 16 日，有台灣本土意識的「台灣基督長老教會」不畏鎮壓，公開發表《人權宣言》，要求「使台灣成為一個新而獨立的國家」。宣言說：

　　……面臨中共企圖併吞台灣之際，基於我們的信仰及聯合國人權宣言，我們堅決主張：「台灣的將來應由台灣一千七百萬住民決定。」我們向有關國家，特別向美國國民及政府，並全世界教會緊急呼籲，採取最有效的步驟，支持我們的呼聲。

　　為達成台灣人民獨立及自由的願望，我們促請政府於此國際情勢危急之際，面對現實，採取有效措施，使台灣成為一個新而獨立的國家。

　　這「新而獨立的國家」六個字，簡單明白的說出「台灣獨立」的主張，觸怒了蔣氏政權的反「台獨」神經。

　　1978 年 12 月，美國總統卡特宣布要與北京的「中華人民共和國」政府外交「關係正常化」。美國政府這個決定，對以「中國」政府自居，以外省人政權體制統治台灣的蔣氏政權，其震撼與威脅不下於 1971 年聯合國大會的決議。

　　「中國國民黨」政府非常緊張，特別是保守的情治單位更為緊張。他們眼看台灣本土力量日見壯大，「台獨」聲音逐漸高漲，強烈主張採用強硬鎮壓手段對付。即便是政府其它單位認為台灣國內局勢的演變不是強硬鎮壓手段可以解決，他們仍一意孤行，規劃各種鎮壓方案。

　　面對台灣社會不斷發出的反抗聲音，「中國國民黨」政府除了繼續宣傳反共理論外，更加強反「台獨」主張的宣傳。其實各種反「中國國民黨」的言論，並不完全是明確的主張「台灣獨立」，但「中國國民黨」政府為了便利宣傳起見，不是歸類為「為匪宣傳」，就是歸

類為「台獨主張」。

面對台灣社會不斷發出的反抗聲音,「中國國民黨」政府除了繼續宣傳反共理論外,更加 的宣傳。其實大多反「中國國民黨」的言論,並不完全是明確的主張「台灣獨立」,但「中國國民黨」政府為了便利宣傳起見,不是歸類為「為匪宣傳」,就是歸類為「台獨主張」。「中國國民黨」政府用許多方法加強對被稱為「土著」的本地台灣人民的控制,加強對「台獨思想」、「台獨主張」的鎮壓。由於「中國國民黨」政府政治的腐敗及政策的偏失,在獨裁強人過世後,台灣社會的政治起了很大的變化。1977年終於發生「中壢事件」,1979年發生「美麗島事件」。

「安康接待室」及軍事「第一法庭」設立後,沒有辦過多少案件,雖然軍方企圖運用戒嚴法令去壓制日漸澎湃發展的民主運動及「台獨運動」,也試過製造幾個政治案件,但在軍事「第一法庭」審理過的案件,數目並不多,效果並不如期望那麼有效。

「第一法庭」設立後,前後辦過幾件有名案件;

1977年 人民解放陣線(戴華光事件)。

1979年 吳泰安匪諜案。

1980年 余登發父子知匪不報案。

1980年 連續結夥搶劫殺人案。

1980年 美麗島事件案。

其中具有重大影響的兩個案件是「余登發父子知匪不報案」及「美麗島雜誌社叛亂案」，前者我擔任被告辯護律師，後者我是被告。

蔣經國雖知國際形勢的改變，既無法接受「台獨」建國，又藉口台灣本土之高級人才稀少缺乏，不願在政府機關中多安排要職。另一方面他又堅信本地黨外力量同時獲得中共及美國幕後的支持，目的在動搖「中國國民黨」在台灣統治的根基，他不願接受人民期望改革的要求。1977 年 11 月間，蔣經國在他的日記中寫：

共匪利用國內之反動分子，企圖以合法之選舉活動，來達成其反動的非法目的，及所謂發動「島內革命」，手段惡毒。吾人識破其陰謀，應妥作應付，不能使敵人達到其所望。

他明知即便在不民主不公平的選舉，他的黨員仍能贏得各項選舉，但感受到黨外對「中國國民黨」造成很大的威脅，他很不甘願辦理民主選舉：

難道只有選舉才算是民主政治？在安定而清明的社會中，或許選舉可以反映一般民意，但在今日重利為先的社會中，選舉反而成了勞民傷財之舉，但又不得不辦。

1979 底，「中國國民黨」進一步採取行動，鎮壓「台灣獨立」運動，炮製所謂「美麗島雜誌叛亂案」，驚動海內外。蔣經國終於體驗到在台灣進行鎮壓行動的困難。

「中國國民黨」所設在美國負責對處理「台獨及左派組織」的「華興小組」，在 1979 年 12 月 21 日，「美麗島事件」發生後的會議

決議表示，高雄「美麗島事件」，應否判「叛亂」罪，關心本案之美國人士，頗有意見。如果國內之判決是屬叛亂罪，我方應有一套說詞對外公佈。

1980 年 2 月 8 日該小組會議之中心議題之一是：「台獨份子在美國之活動情況」有林忠信同志報告：

「台獨」問題不僅是我國之內政問題，在今後中美之關係上亦是一大課題。當前對美之外交主要是在維持及擴展實質關係，但如果「台獨」問題不好好處理，會使美國與我國之間增加摩擦，因此吾人不能低估「台獨」份子之活動，雖然渠等「成事不足」，但「敗事有餘」。

「台獨」份子對台灣之經濟繁榮情況有充分之瞭解，但渠等認定台灣社會並不因衣食足而無問題。台灣之社會問題不患貧而患不均，不均必然會有不滿，不滿之情緒正是「台獨」可利用之處。

報告中又提到「台獨份子」的想法：

鼓吹「中」「台」分裂的思想，台灣與中國大陸之政治社會經濟體系完全不一樣，「台獨」份子認為「中」「台」分裂之思想在「島內」較易被接受，如果發生效果有助「台灣獨立」思想之發展。

至於「台灣建國聯合陣線」的成立，也引起小組的注意，小組記錄記載對「台灣建國聯合陣線」組織的資料：

高雄「一二九事件」（註：12/9 高雄鼓山事件）後，紐約首要「台獨」組織代表，經秘密集會後，由紐約「台灣之音」宣佈正式成立「台

灣建國聯合陣線」組織，並於十二月十五日聯合發表成立宣言，其內容略以：「為了立即有效的援救台灣島內被迫害之志士，更為迎接自主建國時代之來臨，所有熱愛台灣之革命建國勢力將緊密結合，對國民黨政權做立即的、持續的、全面的、毫不留情的攻擊，直到使之從地球上消失，絕不讓「二二八」歷史重演，台灣人民一定要出頭天」等。

1,「台灣建國聯合陣線」組織成立宣言上簽署單位及其代表如左：

　　「台灣獨立聯盟」─張燦鍙

　　「台美協會」─彭明敏

　　「台灣人民自決協會」─黃彰輝

　　「獨立台灣會」─史明

　　「台灣共和國臨時政府」─林台元

　　「台灣協志會」─洪順五

　　「潮流」─陳婉真

　　「蓬萊島」雜誌─蘇藤宗

　　「台灣之音」─楊宜宜

2,「台灣建國聯合陣線」組織接受樂捐，地點為：FAHR　P.O. BOX 2104 LEUCADIA CA.92024

3.「台灣建國聯合陣線」組織選擇於十二月十五日正式成立，係配合美國卡特總統於民國六十七年十二月十五日宣佈與國民黨斷交，

「台獨」份子認為此係對國民黨之第二次震撼作用。

1980年4月23日外交部部長朱撫松在「美麗島事件」案判決後指示發函給駐美各辦事處，辯解有關案情，並強調：

「台獨」之主張根本危害我國體、國土、憲法及政府，持此主張者均屬叛亂而應依法治罪。

（10）

蔣氏政權在聯合國失去代表「中國」的資格後，本應調整政策，改造政府，使台灣成為一個正常的國家。然而，蔣氏父子依然以「中國」政府的身分在思考，在發言，或者在愚弄台灣人民。

《蔣經國大事日記》(1975-76) 記載，蔣經國在 1975 年 9 月 1 日發表《告大陸同胞書》，大聲呼籲中國人民起來推翻「中華人民共和國」政府，說：

大陸同胞們，起來吧，是時候了！

並且搬出蔣介石早前對大陸同胞所提的三項保證、十條約章，彷彿聯合國仍然承認他的台灣的「中華民國」政府是「中國」政府，而他的政府仍在推動「光復大陸」的工作。這種態度，不是在做白日夢，而是在欺騙台灣人民。

所謂「三項保證十條約章」是這樣的：

凡脫離共軍起義來歸的官兵，均與國軍袍澤一視同仁，論功行賞。

　　凡參加反共工作的各政治集團、各民間組織，除共產黨外，不論其過去政治立場如何，一律享有平等合法的權利，循憲法規範與公平競爭的原則，共同努力，重建「民有、民治、民享」三民主義的新中國。

　　凡參加共黨組織份子，除萬惡元兇之外，只要其願為反共革命效力，概本脅從罔治和既往不究的寬大精神，一律予以赦免，並保障其生命財產的安全。

　　至於所謂「十條約章」是這樣：

　　廢除共黨奴役壓榨的人民公社暴政，恢復人民的家庭團聚與生活自由。

　　人人可以保有其自己耕種的土地。

　　人人可以支配其自己的糧食、衣物和生活必需品。

　　人人可以自由選擇職業，並享有自己工作的所得，政府絕不干涉。

　　依循憲法規範，賦予人民宗教信仰、學術研究、集會結社、居住遷徙的充分自由。凡參加反共工作的政治集團、民間組織、不論過去政治立場如何，一律循憲法規範，享有平等合法權益。

　　嚴禁「階級」歧視與尋仇報復，恢復我國忠恕仁愛的善良風俗與安寧秩序。

　　凡中共陸海空三軍將士，能就地起義立功，或接應我國軍反攻，

攜械來歸者，一律論功行賞，凡擊斃或拘捕其阻礙我反共起義者送交國軍，更予以重獎，並准擢升三級。

能帶領一排、一連、一營、一團、一師、一軍兵力，反共起義者即以排、連、營、團、師、軍長委任，按其功績晉升官級，並賦予其所光復地區行政長官之權。

凡中共公安部隊、邊防軍、民兵組織，能參加反共行動，破壞共黨暴政設施者，一律比照上項規定，予以獎勵。特別是其能掩護反共志士及支援人民反共行動者，不論其為軍為民，除保障其生命財產安全外，並按其功績，予以重用或特獎。

所有共黨的黨團幹部人員，凡參加反共革命工作者，皆任其為中華民國的公民，並認其為國民革命一份子，一律既往不究，並保障其生命財產及家屬之安全。

甚至還在美國政府決定1979年起，承認北京政府時，時任總統的蔣經國還在1978年12月6日（以總統身分）向全國軍民同胞講話：

只要反共到底，就能復國。

(11)

學者林孝庭在《威權鬆動－解嚴前台灣重大政治案件與政治變遷》(1977-1987)書中曾討論到蔣經國主政後在「本土化」趨勢下的兩條路線的難題：

　　隨著挑戰國府法統的民主化呼聲日益高漲，蔣經國要以「革新保台」的開明形象取得民心支持，又要設法安撫黨內頑固保守勢力的情緒，可謂費盡心思。整個 70 年代他就在「開明」與「保守」兩條路線之間擺盪與平衡，小心翼翼地摸著石頭過河。蔣經國一方面無法全然拋開 1949 年以前從中國大陸帶到台灣的法統框架，然而主政後所面對的諸多內外艱困挑戰，又迫使他必須逐步讓政治走向在地化與本土化，並接受伴隨著民主化而來的諸多政治遊戲規則，同時還必須應付黨內保守勢力的反彈。對於出身且得益於黨國威權體制的蔣經國而言，此種轉折對其本人所帶來的痛苦，可以想見，並充分反映在「開明」與「保守」兩條政策路線之間的擺盪與平衡之上。由此脈絡觀之，吾人對於小蔣主政後所發生的諸多看似矛盾與衝突對立的重大政治事件，也可得到一個較為合理的解釋。

　　又說：

　　小蔣堅信「黨外」力量獲得中共與美國幕後支持，目的在動搖國民黨在台統治根基。他自記「共匪利用國內之反動分子，企圖以合法之選舉活動來達成其反動的非法的目的，即所謂發動『島內革命』，手段惡毒，吾人識破其陰謀，應妥作應付，不能使敵人達到其所望」，又批評「國內反動分子之種種活動，同時受到美國人之支持與鼓勵，對美國人之卑鄙，可笑亦可恨，可笑者笑其幼稚，可恨者恨其狠毒而不擇手段。」儘管如此，至今尚無證據顯示 70 年代台灣島內的「黨外」勢力與中共當局有直接往來，遑論接受對岸實質援助。蔣經國有此種概括與聯想，除反映其對「黨外」聲勢漸大的情緒性宣洩之外，

似乎也受早年「二二八」事件舊「台共」分子與中共地下黨員領導發動武裝抗爭此段經驗的影響，儘管中共和「台共」無法混為一談，然「共匪與台獨冶為一爐」儼然已成為國府情治單位對付「黨外」人士的一大策略。

(12)

蔣氏父子的「中華民國」政府對任何反對人士的鎮壓，目的在維護其政權的存續。1971 年聯合國大會決議驅逐「蔣介石的代表」以後，威脅蔣氏父子政權最大的是「台獨思想」、「台獨運動」、「台獨組織」。

「中華民國」政府眼看「台獨」勢力威脅加大，於是設立「安康招待所」及軍事「第一法庭」，準備接待預見大批出現的台獨「叛徒」。

據國史館出版的 《戰後臺灣政治案件》史料彙編，張炎憲前館長序文《免於恐懼的自由》中指出；

「台獨」案件的處理，除了獨派色彩鮮明如廖文毅案、蘇東啟案、彭明敏案等，「中國國民黨」政府多以匪諜案逮捕反抗者。這是因為有懲治叛亂條例、檢肅匪諜條例等法條可用，同時也是為了掩蓋臺灣人已有獨立自主主張的事實，唯恐這種想法傳播出去，會引邊起更多人的附從，打破國民黨政府所宣稱臺灣自古是中國不可分割一部份的說法。因此國民黨對「臺獨」案多以匪諜案或與中國串通案來處理，如黃信介案等。

在我被押偵訊期間，感覺到偵辦人員有遲延不前，不知為甚麼偵訊要點，有時不在問「台獨」主張，而在問「高雄事件」，以後又放棄改問其他，不似在偵辦「叛亂案件」。

在偵訊之初，「調查局」偵辦人員有某種困惑，偵訊重點總是側重「高雄事件」的所謂「暴亂行為」，避談「美麗島運動」的「叛亂行為」或「台灣獨立」主張，與「台灣警備總司令部」部人員所關心的事題不同。以後我才了解，「中國國民黨」政府 及「台灣警備總司令部」受到國內外很大的壓力，偵辦之初，尚無法處理，無法立刻定調如何辦案。

從 1960 年到 1980 年，整整二十年間是蔣氏政權將「台獨」列為「三合一敵人」極力撲滅的階段。在蔣經國的口中，「台獨」是「偏激份子」、「叛國份子」、「反動份子」、「小人流氓」、「共匪的卑賤幫凶」。凡是閱讀「反動書刊」或參加「台獨」組織就是叛亂。蔣經國在日記中明白寫著：「非採取強壓手段不得其定」，動輒就依《戡亂時期檢肅匪諜條例》或《懲治叛亂條例》軍法審判，不管有無實據，即使只屬於思想言論層次，重者以「意圖以非法之方法顛覆政府而著手實行」判死刑或無期徒刑，輕者未達「著手實行」也要判個十年起跳的徒刑。

(13)

彭明敏教授與魏廷朝、謝聰敏發表的《台灣自救宣言》受到美國政府的重視，美方之所以重視彭明敏的見解，在於 1966 年春天《自

救宣言》傳到美國後，帶給海外台獨運動極大的鼓舞。

該年六月，美國境內九個地區代表在費城舉行會議，決議成立「全美台灣獨立聯盟」；當年秋天聯合國會議期間，該組織並透過主流報刊向國際社會宣傳彭明敏等人的理念，此後短短兩年內，日本、加拿大與法國皆出現「台獨」組織，彼此於 1969 年秋天進一步整合為「台灣獨立建國聯盟」（World United Formosans for Independence），在台北仍遭國民黨監控的彭明敏，聲望水漲船高，成為海外獨派新的精神領袖。

從此之後，「台獨」思潮及組織如雨後春筍般難以遏阻，雖然廖文毅返台投降，蔣氏政權透過外交由日本遣返「台灣獨立建國聯盟」成員，但全台各地與海外的「台獨」組織風起雲湧，其時有一件非常轟動的「泰源監獄復國革命事件案」五人槍決，後來又有鄭自才、黃文雄在紐約槍擊蔣經國事件，接著歷經蔣氏政權在外交場域面臨空前崩盤，以及蔣介石去世，促使台灣人追求獨立自主的理念更為強烈，蔣經國政權撲殺「台獨組織」或民主訴求的力道愈趨霹靂冷酷。

當台美邦交來到最後關頭之際，蔣經國在得知黨外有意趁該年（1978）年底增額中央民意代表選舉時，組織新的反對黨，蔣經國寫下這段話：

處此緊要關頭，必須以始終如一的態度，貫徹以下之基本政策：一、決不與共匪妥協；二、決不與蘇俄交往；三、決不讓台灣獨立；四、決不讓反動派組成反對黨。這是救國護黨之要道。

「中國國民黨」非常擔心黨外組黨的事。1979 年 8 月 22 日，「國

家安全局」在一份《陰謀分子企圖籌組反對黨有關情況研析》中認為：

　　陰謀分子企圖組黨奪取政黨之陰謀，為彼等追求之目標 --- 將以「美麗島」雜誌社為中心造成組黨之雛形，逐漸培養全面性勢力。

　　研判結論：目前陰謀分子宣佈成立反對黨之可能性不大。但其仍將以此要脅政府放人，惟對彼等以「美麗島」雜誌社為發展組織勢力，及爭取與「青年黨」黃鳳池派之結合之陰謀，頗值注意。

　　「美麗島事件」發生時民間有一個傳說，政戰部主任王昇將軍為了要選總統，需要壓制「台獨」人士，需要阻止解除戒嚴及國會全面改選的主張流行，所以自 1975 年以後的鎮壓，基本上是他在主導，但就蔣經國日記中的各種說法看來，鎮壓「台獨」力量本是他的打算，他故意不指責黨外主張「台灣獨立」，而必須冠以「通匪」的莫須有罪名。

　　由於國內外壓力，蔣經國於 1987 年 7 月 15 日宣布解除「臺灣省戒嚴令」，結束台灣長達 38 年 56 天戒嚴。然而，黨國惡靈依然在台灣上空盤旋，解嚴後還有《動員戡亂時期臨時條款》存在。

　　而且，只要《懲治叛亂條例》還在，主張「台灣獨立」，就是犯了內亂罪，要受到「二條一」（唯一死刑）的懲處。這樣的時代背景下，造成了 1987 年 8 月許曹德、蔡有全的「台灣獨立案」、1989 年 4 月鄭南榕自焚，以及 1991 年 5 月「獨立台灣會案」。這三個案件都和主張「台灣獨立」的言論有關。

　　1987 年 8 月 30 日，一百四十多位曾經遭受「中國國民黨」迫害

■許曹德慷慨激昂的要將「台灣應該獨立」，列入組織章程裡。攝影／邱萬興

■當天晚會主持人蔡有全用強而有力的手勢，公開聲明：「我主張台灣獨立」。
攝影／邱萬興

的政治受難者，聚集台北市國賓大飯店二樓國際廳，成立「台灣政治受難者聯誼總會」。蔡有全是當天的會議主持人，討論到第三條「我們的基本共識」時，許曹德提案要求大會把「台灣應該獨立」列入組織章程。

許曹德慷慨激昂的說：「民進黨要自決到哪裡去？我們這些政治犯如果不敢說出台灣的前途，我們都是白坐牢了，台灣要自決成立共和國！」最後，大會順利通過此一提案。

當天晚上，「台灣政治受難者聯誼總會」在台北市金華國中舉辦演講會，參與者有民進黨創黨主席江鵬堅、高俊明牧師、陳唐山、陳翠玉、陳菊、陳永興、柯旗化、張溫鷹等人。蔡有全用強而有力的手勢公開聲明：「我主張台灣獨立，我公開表明主張建立一個新而獨立的國家」。

許曹德、蔡有全兩人不久之後便因公開主張「台灣獨立」，而遭高檢署檢察官起訴，在同年 10 月 12 日兩人出庭應訊，隨即被以「叛亂罪」當庭收押。此舉引發海內外台灣人群情譁然，激怒許多人上街聲援。

1988 年 1 月 9 日，許曹德、蔡有全的「台灣獨立案」在高等法院進行長達 14 小時的辯論庭，從早上 9 點半開到晚上 11 點 20 分才結束。一週後的 1 月 16 日，就在蔣經國死後 3 天，許曹德、蔡有全兩人分別因「預備意圖竊據國土罪」、「共同陰謀竊據國土罪」被判處十一年、十年有期徒刑。

「台灣政治受難者聯誼總會」在全台舉行 29 場聲援蔡許台獨案

■獨派團裡聲援蔡許台獨案活動,在台灣街頭一波又一波高舉「台獨有罪嗎」旗幟前進。
攝影 / 邱萬興

■江蓋世提著「人民有主張台灣獨立的自由」的標語牌在全台灣遊行。攝影 / 邱萬興

■ 1988 年 4 月 17 日「民主進步黨」在高雄召開的全國代表大會,通過《台灣主權決議案》(又稱《四一七決議》)。攝影 / 邱萬興

活動，在台灣街頭一波又一波高舉「台獨有罪嗎」旗幟前進。他們無視於鎮暴部隊的圍堵，救援活動展開環島的「台灣要獨立，獨立救台灣」的「台獨」之旅，讓「台獨」聲音傳遍各地。蔡有全、許曹德的犧牲，換來台灣人追求「台灣獨立」的意願，全台聲援蔡許「台獨案」的行動也隨即展開，「台灣獨立」的主張從此進入檯面化。

許曹德、蔡有全的「台灣獨立案」引發台灣更多的獨立建國運動。

1988 年 4 月 17 日，「民主進步黨」全國代表大會通過《台灣主權決議案》。

前一年 6 月，「民主進步黨」黨員江蓋世舉著「人民有主張台灣獨立的自由」的標語牌在全台灣遊行。11 月，黨代表向「民主進步黨」全國代表大會提案，要求將「人民有主張台灣獨立的自由」列入黨綱。全國代表大會通過代替案《台灣言論自由決議文》強調人民有主張「台灣獨立」的自由。

1988 年 4 月 17 日「民主進步黨」在高雄召開的全國代表大會，通過《台灣主權決議案》（又稱《四一七決議》）除了重申自決主張外，明白主張「台灣國際主權獨立」，認為台灣主權不屬於任何一個國家，指出：為穩定台灣人民信心，澄清台灣國際地位，重申：台灣國際主獨立，不屬於以北京為首都之「中華人民共和國」。

1991 年，發生「獨立台灣會案」。

前一年，郝柏村將軍出任行政院長，眼看台灣的「獨立」思想及「台獨運動」日漸興旺，乃著手鎮壓行動，思有以嚇阻。

　　1991 年 5 月 9 日，法務部調查局以加入「獨立台灣會」為由進入國立清華大學，拘捕清大歷史研究所碩士生廖┐偉程，並於同日逮捕臺大社會學研究所畢業的文史工作者陳正然、社運人士王秀惠及傳教士 Masao Nikar（漢名林銀福），且又於兩天後逮捕一名協助貼傳單的魯凱族青年 Ceau Drululan（漢名安正光）。

　　依當時的《懲治叛亂條例》與《中華民國刑法》第一百條的內亂罪，五位被捕人有可能被求處唯一死刑。事發後各界認為政府嚴重侵犯憲法保障的言論自由，激起強烈民憤，並在台灣引發一連串的的政治抗爭。最終立法院於龐大民意壓力下火速通過廢除《中華民國刑法》第一百條，廢止《懲治叛亂條例》，其後五名被捕人亦獲判無罪釋放。

■ 1991 年 5 月，發生「獨立台灣會案」，學生攻佔台北火車站，聲援被捕的學生。
攝影 / 邱萬興

第四部

愛國匪諜死冤枉

軍法機構起訴的罪名何以從「叛亂」縮水成「知匪不報」？

----《余陳月瑛回憶錄》第 178 頁

星雲法師認為吳泰安為精神病患，造成修和法師冤死於獄中，余登發也受冤入獄。

----「誰在搞革命」（作者龍城飛，原名楊雨亭，國立台灣師範大學歷史學博士）。

■ 1979 年 1 月 22 日上午 9 時，黨外人士張俊宏、許信良、姚嘉文、黃順興、施明德、陳菊、何春木等人抵達高雄縣橋頭鄉的余家，聲援被捕的余登發父子，進而挺身出外遊行。攝影 / 陳博文、圖片提供 / 吳三連台灣史料基金會

■ 這是戒嚴時期第一次示威抗議遊行，走在遊行隊伍最前面的是手持「堅決反對政治迫害」大布條的陳菊與陳婉真。攝影 / 陳博文、圖片提供 / 吳三連台灣史料基金會

(1)

1979 年 1 月 21 日，「台灣警備總司令部」軍法處以「涉嫌參與匪諜吳泰安叛亂」罪名逮捕遭逮余登發父子與其子余瑞言，引發社會反彈。桃園縣長許信良號召黨外人士，前往余登發故鄉高雄縣橋頭鄉進行示威抗議，聲援余登發父子，是為「橋頭事件」。

台灣的情治單位在這種外交挫敗時刻，在這種本土民主運動即將爆發的敏感時刻，逮捕黨外人士，是極其愚蠢的決策。本應該開放政權，推動民主開放，情治單位反其道而行，終於引發不可收拾的政治效應，加速「中國國民黨」的崩潰。這是迷信戒嚴暴力認為鎮壓有效的「警總」的錯誤作法。

台灣每次選舉，情況都非常激烈，這是人民在戒嚴時期唯一能公開聚會的機會，也是黨外人士能公開發表政治言論的機會。1978 這一年，黨外人士在黃信介的領導下，成立全國黨外助選團，全台灣的黨外人士已有全國串連，形成組織之勢。蔣經國發布緊急命令，延期投票，使得如火如荼的競選活動戛然而止。這突如其來的停選一事對於全國助選團造成衝擊。

針對此情勢發展，黨外人士遂於廿五日在黨外總部召開「黨外人士國是會議」，並連署「黨外人士國是聲明」以為因應。余登發亦在該會議中被推舉為領導者。廿五日的會議之後，黨外人士為籌組黨外常設聯絡機構及保持黨外陣營的凝聚力，決定在隔年，亦即 1979 年 1 月 29 日由臺北南下高雄進行拜年活動，同時沿途散發「黨外人士國是聲明」。

■余登發（中）簽署聲明「黨外人士國是會議」，要求民主化、自由化、解除戒嚴，從速恢復中央民代選舉；左起為黃順興、施明德、陳菊。圖片提供／艾琳達

■ 1978 年 12 月 25 日，黨外人士在高雄舉辦「千人餐會」，蘇慶黎與余登發老縣長。攝影／陳博文、圖片提供／吳三連台灣史料基金會

另外，也計畫由余登發具名邀請，2月1日在高雄橋頭「高苑工商職業學校」舉辦民主餐會，將黨外勢力往南擴展。不料余登發與余瑞言卻先於1月21日以「涉嫌叛亂案」遭到逮捕。

據「台灣警備總司令部」發佈經國防部長高魁元1月18日事先批核，有月份尚未列日子的新聞稿顯示：

> 余登發於去（六十七）年，與潛台匪諜吳泰安勾結，並由其子余瑞言經手，接受吳匪交付「革命動員第一號令」等反動文件，轉交余登發。余登發並與吳泰安晤面，密謀暴亂活動。案經搜獲吳嫌委任余登發為暴亂組織「高雄台南地區最高指揮司令」派令各件，涉嫌叛亂，經於本（六十八）元月　日將該余登發、余瑞言依法拘押偵辦。
>
> （批核）魁元 1.18

「台灣警備總司令部」於1979年1月21日進行逮捕及搜索，都用「涉嫌叛亂」罪名。余登發父子到案當日軍事檢察官的訊問筆錄，2月7日軍法處軍事檢察官偵訊余瑞言，及2月9日偵訊余登發的筆錄記載的罪名均為「叛亂嫌疑」（案號：六十八年度偵特字第28號）。3月1日起訴書雖列為「叛亂嫌疑」案件（案號：六十八年警檢訴字第005號），但起訴法條卻是較輕的「知匪不報」及「為匪宣傳」，而不是死刑叛亂罪名。

為何「台灣警備總司令部」承辦余登發父子案中途改變罪名，檔案並無記載。

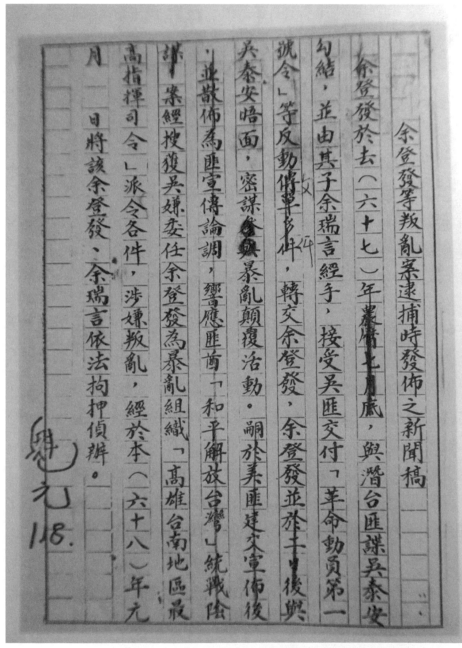

余登發等叛亂案逮捕時發佈之新聞稿

余登發於去（六十七）年農曆十二月底，與潛台匪諜吳泰安勾結，並由其子余瑞言經手，接受吳匪交付「革命動員第一號令」等反動傳單多件，轉交余登發，余登發並於十二月後與吳泰安晤面，密謀參與暴亂顛覆活動。嗣於美匪建交宣佈後，並散佈為匪宣傳論調，響應匪酋「和平解放台灣」統戰陰謀，業經搜獲吳嫌委任余登發為暴亂組織「高雄台南地區最高指揮司令」派令各件，涉嫌叛亂，經於本（六十八）年元月一日將該余登發、余瑞言依法拘押偵辦。

■ 1979 年 1 月，台灣警備總司令部擬「余登發等叛亂案逮捕時發布之新聞稿」。
圖片提供 / 國家發展委員會檔案管理局

「台灣警備總司令部」事先準備，經國防部高魁元部長核可的新聞稿，表明余登發父子「並與吳泰安晤面，密謀暴亂顛覆活動，案經搜獲吳嫌委任余登發為叛亂組織『高雄台南地區最高指揮司令』派令各件 --- 涉嫌叛亂」，案情嚴重，何以 39 天後，起訴法條改為罪責較輕，性質完全不同的「知匪不報」「為匪宣傳」等？

「知匪不報」與「叛亂」是兩種不同性質的犯罪。前者「知匪不報」之罪，係指人民違背法令上「強制行為」所負之刑事責任，並非懲治叛亂條例之「叛亂」罪。兩者性質不同，輕重有別，適用的法律條文不同。「知匪不報」並非懲治叛亂條例二條一專科死刑之叛亂罪。

「台灣警備總司令部」究竟是受到甚麼壓力，或甚麼影響才不用專科死刑的「叛亂」起訴，是不是受黨外團結聲援影響？

「中國國民黨」當局逮捕余登發，關心的不是他的政治地位，而是台灣社會迅速發展的反對力量和組織。

余登發父子案的爆發，黨外相信是「中國國民黨」政府，至少是情治單位為壓制本土力量的發展，阻止「台獨運動」的擴張，也相信是情治單位大量逮捕黨外人士的先聲。

桃園縣長許信良先招集及幾位黨外人士到省議會討論情治單應對，許信良，表示黨外如果沒有反應，情治單位必然繼續抓人。

因為情治單位知道，在美國政府決定與台北「中國國民黨」政府斷絕外交承認，不再承認台北蔣氏政權是「中國」政府，台灣海內外的「台獨運動」必然伺機而動，而島內的民主運動必然加倍發展。「抓

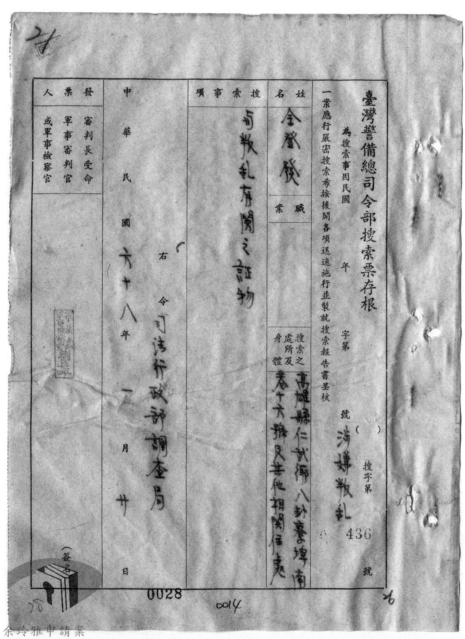

臺灣警備總司令部搜索票存根

為搜索事因民國 年 字第 號（ ）

涉嫌叛亂436 號

搜字第

一案應行嚴密搜索希按後開各項迅速施行並就搜索報告書呈核

發票人	發票	中華民國	搜索事項	姓名
或軍事檢察官 軍事審判官 審判長受命		六十八年 一月 廿 日	司叛亂有關之証物	余登發 職業

右 令 司法行政部調查局

搜索之處所及身體 高雄縣仁武鄉八卦寮埤南卷十六號及其他相關住處

0028

0014

簽名

■ 1979 年 1 月 20 日，台灣警備總司令部逮捕余登發與余瑞言父子搜索票存根。
圖片提供 / 國家發展委員會檔案管理局

人」是台灣情治單位，甚至整個政府對抗反對人士的唯一方法。

許信良告訴與會的黨外人士：

「台灣警備總司令部」最怕人民的群眾運動，怕街頭遊行，我們到余登發住家的橋頭去遊行，可以阻止他們繼續抓人，展現人民對我們的支持。

於是大家分頭南下到高雄縣橋頭去遊行，寫大字報，發傳單，演說，回程租了一部遊覽車到高雄車站發傳單，然後回去台北。

橋頭遊行黨外發表這樣的聲明：

元月二十一日清晨五點二十分，備受台灣同胞所尊敬的前高雄縣長余登發老先生與他的獨生子余瑞言（省議員余陳月瑛的丈夫），在他們高雄縣的住所被國民黨當局以「涉嫌叛亂」的罪名逮捕了！

國民黨當局在與美斷交後，終止增額中央民意代表選舉已是明顯地違反民主憲政的措施，但為顧及全民團結的意願，我們均予容忍。現在國民黨當局卻在全民一致要求改革聲中，以莫須有的罪名逮捕了夙為民眾所敬重的余登發先生父子，這種軍事統治與特務統治傾向的加強，以及政治迫害的手段，都是我們絕對無法容忍，而堅決反對到底的！

去年十二月二十五日，黨外人士原計畫在台北國賓飯店聚會，共商國是，余登發先生是主要的領導者之一，而這個聚會卻被國民黨當局所阻撓。今年二月一日（舊曆年初五）黨外人士計畫在高雄縣舉行過年團拜，國民黨當局為破壞黨外制衡力量的團結與成長，終於逮捕了余家父子！

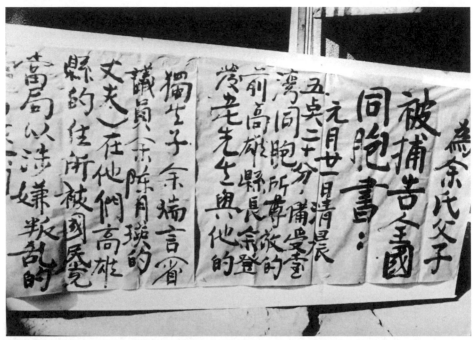

■姚嘉文律師口述，黨外人士現場抄寫的聲援大字報。圖片提供／艾琳達

■聲援余登發父子發表的漫畫。攝影／陳博文、圖片提供／吳三連台灣史料基金會

自由民主是我們應走的道路，也是我們全民努力的目標。因此我們堅決要求國民黨當局：立刻釋放余登發與余瑞言父子！

停止一切政治迫害的行徑！

「中國國民黨」政府利用中央選舉委員會發布另一個聲明：

民主憲政國家，政黨與政府機關並非一體。政黨屬政治性民眾團體，一國之內不只一黨；而政府為依法組成之施政機關，其性質、功能與組成人員皆不相同，我國情形亦復如是。如公務人員之任用，須具備法定資格，其職位受法律保障，並不隨執政黨之更動而進退，其執行公務，須遵守法律，而許信良等誣指為「國民黨當局」所為，自與事實不符，此其二；又余登發、余瑞言二人，係軍事檢察官根據吳泰安之供詞，認其叛亂罪嫌重大，依據刑事訴訟法第七十六條第四款規定，予以拘捕，於法洵無不合，而許信良等誣稱為「以莫須有的罪名非法逮捕」，顯係顛倒是非，散佈不實消息，聳動聽聞，此其三；又政府已明白宣佈，該余氏父子涉嫌叛亂案件，如進入審查程序時，將公開審判。此正所以昭召大公，使社會大眾皆能獲悉審判過程與事實真相，防止非法侵害人權之讕言，允係適法之措施，而許信良等竟誣稱為「政治迫害」，又稱我政府之治理為「軍事統治與特務統治」，其蓄意誣衊，甚為顯著，此其四；許信良等於戒嚴地區，未經核准，擅自聚眾遊行，同隊人員持大幅標語，非法要求立刻釋放叛亂嫌犯，並散發「為余登發父子被捕告全國同胞書」，並明示對於政府之統治「絕對無法容忍，而堅決反對到底的」，藐視紀綱，立論荒謬，置國家利益於不顧，此其五」

(2)

在這前一年，1978 年 12 月，台灣在進行中央民意代表選舉。12 月 16 日，美國總統卡特宣布隔年元旦對中國外交正常化，承認「中華人民共和國」北京政府代表「中國」，斷絕與台灣的「中國國民黨」（「中華民國」）政府外交關係，並將終止美國與台灣的共同防禦條約。這是 1971 年繼「中國國民黨」（中華民國）政府代表團（聯合國大會決議文稱為「蔣介石代表」）被逐出聯合國大會後，蔣介石政權又一次重大的外交失敗。總統蔣經國情急之下，下令停止正在進行的增額中央民意代表的一切選舉活動。

自從 1971 年，聯合國大會決定驅逐「蔣介石集團代表」，不再接受其能代表「中國」以後，自稱「大中國政府」的台灣「中國國民黨」政府面臨嚴重的政治危機。1975 年大獨裁者蔣介石的死亡，不僅使「中國國民黨」發生黨內接班危機，並使黨內權力鬥爭問題白熱化。如今，這個一向支持「中國國民黨」政府代表「中國」的美國政府宣佈與她斷絕關係，世界各國又紛紛斷交，跟上美國承認北京政府代表「中國」，這個政權的合法性更受挑戰，國際地位一落千丈，台灣內部的民主運動及「台獨」主張飛快高升。政局不安，「中國國民黨」政權搖搖欲墜。

在這種政治環境之下，台灣人民繼「中壢事件」以後的民主運動更加活躍。蔣經國宣佈停選後，民意爆發，群眾運動，此起彼落，蔣家不安，決定壓制。

一向為「台灣警備總司令部」操縱運用的所謂「反共義士」沈光

■桃園縣長許信良率先簽署「為余氏父子被捕告全國同胞書」，姚嘉文與張俊宏、陳菊等人陸續簽名。攝影 / 陳博文、圖片提供 / 吳三連台灣史料基金會

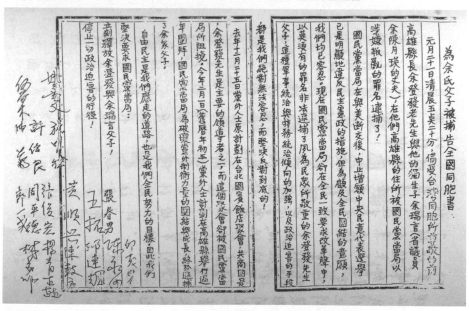

■黨外人士發起簽名「為余氏父子被捕告全國同胞書」。傳單提供 / 艾琳達

秀、勞政武、蕭玉井等三十餘人，1 一月 23 二十三日針對黨外本項告同胞書發表「聲討黑拳幫叛國罪行宣言」，成立「反共愛國鋤奸行動委員會」，指責黨外人士在高雄等地為余登發父子案發動遊行抗議，散發傳單誣衊政府，呼籲政府應迅速採取行動制裁，極盡暴力恐嚇之能事。

今天我們從報上，看到許信良、張俊宏、姚嘉文、黃順興、陳鼓應、施明德、陳菊、林義雄、陳婉真等一小撮黑拳幫叛亂份子，居然對政府依法逮捕匪嫌余登發父子一案，在高雄等地發動遊行抗議，並散發反動傳單，誣衊政府，意圖挑撥離間。干涉司法審判，為匪嫌開脫，煽動暴亂；顯欲置我復興基地一千七百萬同胞為 海上難民而後甘。我們對此一小撮死不悔改的黑拳幫叛國助匪行為，感到無比憤慨。為此，我們特向全國同胞提出呼籲，向我們的政府提出呼籲，向這一小撮喪心病狂的叛國黑拳幫分子提出嚴重警告：

以許信良為首的一小撮「黑拳幫」份子，自去年十二月五日在中山堂公然篡改國歌，煽動以暴力推翻政府以來，處心積慮，欲置中華民國於死地，他們在增額中央民意代表競選期間，利用政見發表會、傳單、海報、大字報及謠言、耳語等，惡意詆毀政府，刻意為匪宣傳，企圖與外籍政客、共匪裏應外合，顛覆我中華民國。許信良、陳鼓應等之叛國罪行，早已引起全國軍民同胞之極端憤慨，人人必欲誅之而後快。孰料美國突然宣佈與匪「建交」，全國軍民為抗議卡特之荒謬行為，一致對外。我們乃未遑採取剷除叛徒之行動。然而該等「黑拳幫」在全國軍民一致為捐輸歔血共赴國難之際，不但無動於衷，竟暗

中破壞我全國軍民之愛國運動，圖謀不軌。其喪心病狂之罪惡行徑，顯欲與萬惡的毛共餘孽，隔海唱和，亦即與我海內外九億同胞為敵到底。

　　此次政府依法逮捕劣跡昭彰的劣豪、惡霸、匪嫌余登發父子，於全國軍民額手稱慶之際該等黑拳幫份子，居然在高雄糾眾遊行抗議。此一為匪嫌脫罪行徑，簡直是國家法紀尊嚴為無物，其陰謀無非欲與將此純係匪諜案件，轉移為「政治案件」以作進一步汙衊的藉口。全國同胞必須對此種狠毒居心認識清楚。

■姚嘉文律師走在高雄橋頭遊行隊伍前面，與阻擋的警察爭論，我們就是要遊行。
攝影／陳博文、圖片提供／吳三連台灣史料基金會

■黨外人士知道，在戒嚴令下參與橋頭示威，是要冒
　生命危險的，遊行隊伍走在省道上前行。
　攝影 / 陳博文、圖片提供 / 吳三連台灣史料基金會

該等黑拳幫份子所言所行均已涉及叛國之罪嫌，其叛國之證據，早為愛國民眾所蒐集和掌握。該等叛徒，自知民心難違，罪證難逃，國法難容；於是，在獲悉余登發父子被捕後，乃作賊心虛，故意糾眾遊行，並散發所謂「告同胞書」顯欲以「先發制人」之伎倆，企圖端島是非黑白，並造成政府之投鼠忌器，俾其狡計得逞。凡我愛國同胞，千萬不能受其欺騙，我政府亦萬不可受其影響。

際此國難當頭，鑒於先安內而後攘壞外之明訓，確保復興基地之安全，實為當務之急。我們特別呼籲政府，不可再事因循姑息，應立刻依法逮捕許信良、姚嘉文、張俊宏等一小撮叛亂份子，以釋民憤！

(3)

余登發案件引發許多問題，在黨外內部也風波不斷。

「中國國民黨」政府為了鎮壓日漸高升的群眾運動，乃依據慣例採取抓人判刑以威嚇人民的方式。研考「台灣警備總司令部」之所以決定首先逮捕余家父子，應該有許多因素，其中之一，必然是余登發的思想偏向統派。可能當局相信統派的余登發被抓，獨派的人不會積極救援。當我要為余登發父子辯護時，「台灣警備總司令部」的一位上校軍官來找我，問我一個反對統一的獨派律師，為甚麼要替主張統一的余登發辯護？我回答說我為人權辯護，不認為一個人因其政治立場不同，而被以「涉嫌叛亂」重罪逮捕判刑。

我想，「警總」決策當局顯然判斷錯誤。

■黨外人士遊行隊伍抵達高雄橋頭信仰中心鳳橋宮前合影。
　攝影／陳博文、圖片提供／吳三連台灣史料基金會

■ 1979 年 1 月 30 日，黃信介立委與黨外人士聚集在高雄縣長黃友仁公館商討救援余登
　發父子事宜。攝影／陳博文、圖片提供／吳三連台灣史料基金會

　　黨外人士集會決定派員向「台灣警備總司令部」警備總部交涉，推立法委員康寧祥、省議員張俊宏、縣長黃友仁、呂秀蓮和我五人前往。交涉情形在康寧祥委員《台灣，打拼》書中這樣記載：

　　我把溝通代表的名單告訴梁肅戎之後，隔天早上九點，台北市警察局副局長高松壽就過來接我們到警總去，警總負責接待我們的是副總司令常持琇，這個人後來在「美麗島事件」時擔任南區警備司令，就是他的憲兵部隊對群眾噴灑台灣前所未見的催淚瓦斯，以至於導致群眾暴動的。不過那天他的態度還算和善，我們這邊派去的姚嘉文、張俊宏、呂秀蓮及黃友仁，個個就法論理，頭頭是道，其中呂秀蓮畢竟是哈佛大學的高材生，她並沒有去橋頭遊行，是我主動邀請參加交涉的。我第一次見識到她豐富的學識、冷靜的思考，以及不疾不徐、娓娓道來的辯才，很不簡單。

　　那次溝通結果，一部份黨內同志對我有些不滿，二十多年之後，姚嘉文說那次之後：「就對老康的政治智慧以及做領袖的條件開始懷疑，」「老康有他聰明的地方，還常罵我們不太懂事，我們雖然不太懂事，可是我們的觀念一致，」「老康對我們的主張不能接受，他也不願意帶這些人，之後慢慢就有些許的分裂。」

　　但是呂秀蓮則說：「姚嘉文一說話就講得非常硬，所以他們翻臉，幾乎不談了，要把我們轟出去……康寧祥就打圓場，我也講了一些話以後，他們情緒就穩下來。那次沒有什麼收穫，只有全身而退。可能因為這樣，那些有所期待的人就對康寧祥不滿，但你在現場能怎麼樣？我們沒有變成階下囚就不錯了。」

　　反而我不太記得哪些方面讓姚嘉文失望，三十多年後看到姚嘉文的口述歷史（《沒有黨名的黨—美麗島政團的發展》，（頁144），才知道原來他認為「余登發不應該被關、不應該被起訴。」所以我不應該對警總要求「讓家屬接見」、「可以送東西」、「開庭時要旁聽」。真是奇怪，余登發該不該被關、該不該被起訴，跟警總去說有什麼用？那是蔣家政權的政策，警總那些爪牙只是執行者，政策問題就應該去跟制定政策的人談（後來我跟黃信介、黃順興為了余案在立法院開議後向行政院長孫運璿提出聯合質詢，質疑他們妄加罪名、侵害人權）。

　　也許因為這樣，許信良才說他在「中壢事件」和「橋頭示威」後，他在黨外的領導地位自然形成，而蔣經國指定與黨外溝通的關中也說：「『美麗島事件』之前，我們真正溝通的主要對象就是『美麗島政團』，其他都是次要的。『中壢事件』之後，康寧祥已經不能代表黨外了，『美麗島事件』以前，他更是被孤立得很厲害，我們溝通的主要對象是『五人小組』。」（摘錄自《沒有黨名的黨—美麗島政團的發展》，（P.231，264）

　　經過那次交涉之後，蔣家政權對余登發父子的「涉嫌叛亂」官司一點也不手軟，硬是按照他們的腳本起訴，按照腳本審判，將余登發以所謂「知匪不報」、「為匪宣傳」判刑八年，褫奪公權五年，他兒子余瑞言判刑二年，緩刑二年。那個曾經在法院按照蔣家特務腳本演出的吳泰安，則是被判處死刑，而且在余案申請覆判被駁回當天，就被槍斃。

康寧祥委員對我評論他的話表示不滿。其實我不是不同意他的要求。我是認為康委員所提的幾項要求，在案件起訴後，即使在軍事審判程序，不待特別請求即可辦到。如今我們來此是要請求放人，不可起訴，當然知道不會如願，不會立即達到目的。但是，黨外派代表去交涉，如果現在就提出那些請求，無異表示我們能接受余登發父子可以起訴，只是開庭後照規定要讓家屬旁聽，要讓家屬送東西，不是在請求不可起訴。這不是我們派代表去「台灣警備總司令部」交涉的目的。我們派代表去是要「抗議抓人」，也表示「黨外團結」一致，表示獨派不會見統派被抓就不管。

雖然我們知道「台灣警備總司令部」抓了人，不可能因為我們幾個人來抗議來交涉或來陳情就放人，但當其他各人在大談當前政局，大談抓人不能解決台灣政治問題時，我們大可不必來談這些起訴後可以做到的事。我們只要表示黨外團結一致，不畏鎮壓，支持余登發，就會有意義。

以後余登發沒被以「叛亂罪」起訴，而以較輕的「知匪不報」起訴，不知是否和黨外團結一致有關係。

余登發的媳婦余陳月瑛了解到黨外的反應，影響了「台灣警備總司令部」的決策。她在她的《余陳月瑛回憶錄》第 178 頁中說：

調查局明知吳泰安根本沒有能力當匪諜，也明知余登發父子從未相信過吳泰安的胡言亂語，卻草草將吳泰安槍斃，使吳某的攀誣死無對證，坐實余家父子知匪不報的罪名。記得當時的特務大頭目王昇曾對媒體說，確實有搜出中共制服、槍炮、彈藥，何以後來一樣也拿不

出來？軍法機構起訴的罪名何以從「叛亂」縮水成「知匪不報」，卻還判了8年徒刑？

　　立法院開議後，康寧祥與黃信介、黃順興三位立法委員聯名向行政院長孫運璿提出聯合質詢，也質疑「台灣警備總司令部」妄加罪名，侵害人權，也是在表示抗議與關心。

(4)

　　余登發父子起訴的罪名，根據起訴書的記載：

（吳泰安）民國六十七年潛台活動，秘密結合黨羽，研定暴亂計畫，同年八月下旬某日，擇定余登發為對象，至高雄縣仁武鄉八卦寮余宅走訪，擬邀余登發參與協助暴亂實施，適余外出，由其子余瑞言接待，吳春發（即吳泰安）密示「台灣自由民國革命委員會主席吳泰安」名片表明身分，并告以渠自日受匪派遣回國進行暴亂活動，因余瑞言未與多談，旋即離去。同月廿七日，吳春發偕余素貞至余家橋頭住宅再度拜訪，復因余登發不在，仍為余瑞言接待，吳春發當即說明來意為邀余父協助「革命」，并付予叛亂傳單「革命動員第一號令」十餘張，嗣余瑞言遵囑轉交余登發，當日傍晚吳偕姸婦至八卦寮余宅三度尋訪，與余登發晤面，余稱已見到轉來傳單，繼而表示台灣應先用和平包圍，爾後由共匪「解放」，對吳邀其參與暴亂事，則謂「要做你去做，我到時再看」。事後余登發、余瑞言均未告密檢舉。……

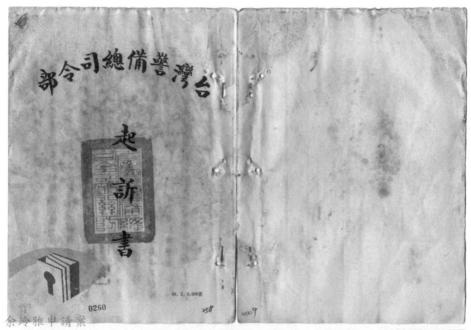

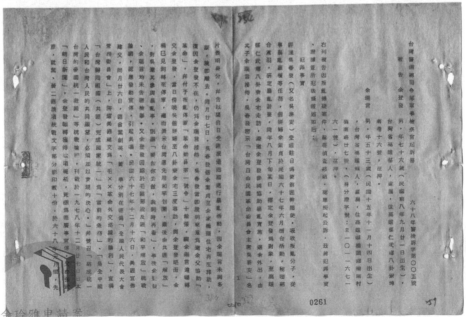

■台灣警備總部起訴書，余登發以「知匪不報」及「為匪宣傳」罪名被起訴。
圖片提供 / 國家發展委員會檔案管理局

民國六十七年十二月十六日，美匪宣佈建交，同年廿六日，匪酋葉劍英、黃華分別在匪偽「全國人民代表大會常務委員會」上，誇耀美匪建交為「毛××革命外交路線的勝利」，宣稱「台灣歸回祖國（共匪）完成國家統一」為「當前的急務」、「是全中國人民和台灣人民的共同願望，必須加以實現的決心。」并號召「結成統一台灣的愛國統一戰線」等統戰論調，刊載於一九七八年十二月廿七日日本「朝日新聞」，余登發輾轉獲得該項報紙，竟圖為匪廣事宣傳，交由張武彥，就葉、黃二匪該項統戰文字部分影印數十份，於六十八年元月間，先後交閱往訪之人鄭中雄、沈義各乙份，併出示蔡平山等人，復親為多人闡釋：共匪強大，但不會武力犯台，以和平方法「解放」台灣云云，為匪張目。

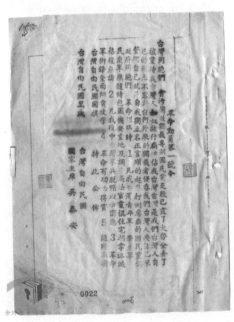

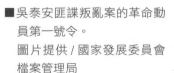
■吳泰安匪諜叛亂案的革命動員第一號令。
圖片提供／國家發展委員會檔案管理局

(5)

　　余案起訴後，大家討論聘用律師辯護的問題。一般律師通常不辦軍法案件，所以沒有到國防部登記為軍法辯護人。我辦過軍法案件，所以大家推我承辦。

　　余登發的媳婦，高雄縣省議員余陳月瑛，到看守所請余登發簽辯護人聘任書時，才知道余登發已經在看守所的安排下，為他及余瑞言簽名聘請了四位軍法官出身的律師，不能加聘，他也不願退聘。因此，我不可能參加辯護。

　　黨外人士認為由四位軍法官出身的律師辯護，不可能達到真正為被告辯護的效果，更不能利用審判程序宣揚黨外政治立場。經過黨外人士及家屬討論，余陳月瑛再去安排，余登發仍不願改變決定，最後余陳月瑛只好找她的丈夫余瑞言直接聘任我擔任他個人的辯護律師。余陳月瑛支付了其中一位軍法律師的律師費，請他退讓，改聘我去辯護。

　　余登發的政治立場偏向中國統一，與我們雖同是黨外，主張不同，但因是黨外前輩，受到大家尊重。他曾發表言論，主張台灣與中國統一，鄧小平當總理，蔣經國當副總理。當那位「台灣警備總司令部」上校軍官問我一向主張「台灣獨立」的人，為甚麼會為主張中國統一的余登發辯護。我回答他，我捍衛言論自由，尊重政治立場，不論余登發的政治思想是甚麼，人民不應因表現自己政治主張的言論而被捕，而且我不相信吳泰安是匪諜。

　　這是我的一貫立場。「美麗島事件」坐牢出來後，我擔任「民主

進步黨」主席時，發行「中華雜誌」，一向主張中國統一反對「台灣獨立」的胡秋原老立委，跑去中國陝西省，發表統一言論，主張以「台灣之富」與「中國之強」，台灣與中國結合統一，就會成為「富強之國」。「中國國民黨」中央知道「中華雜誌」長期發表言論攻擊我的「台獨」思想，透過一位記者訪問我，要我發表言論批評他，要求「中國國民黨」及治安當局，比照「余登發模式」追究胡秋原的「為匪宣傳」的犯罪責任。我沒有答應。我說一個老人說了幾句瘋言瘋語，何必去追究甚麼犯罪問題。

1978 年我在彰化縣參選國大代表時，余登發曾到彰化縣為我助選，1979 年夏天，我到高雄縣橋頭鄉八卦寮他的住處去拜訪他。他親自抓了虱目魚煮湯配酒招待我。那天他問我有沒有一個彰化「瘋子」去找過我，我說沒有。他說那個人說去過中國，從日本回來找過他，說了一些「瘋話」。

以後我們都知道那人是吳泰安。我去閱卷時發現吳泰安不只拜訪余登發，也拜訪李秋遠及其他幾個人，沒有人去舉報他，「台灣警備總司令部」只選擇性地辦余登發，是政治考慮。

■ 1979 年 3 月，姚嘉文律
師（右二）在軍事法庭
為余登發父子辯護。
圖片提供 / 中央通訊社

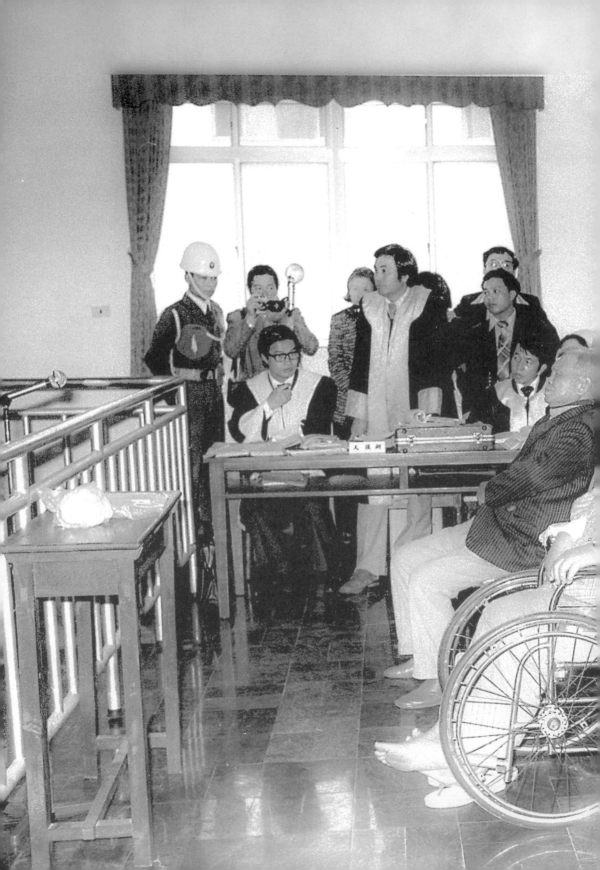

■ 1979 年 3 月，余登發父子與吳泰安在台北景美警備總部軍事法庭受審，姚嘉文（站立者）擔任辯護律師。圖片提供 / 中央通訊社

(6)

　　據國史館《戰後臺灣政治案件／余登發案史料彙編》的編序中提到：

　　所謂「吳春發叛亂案」係指因詐欺罪經司法機關通緝而逃往日本的吳春發，在中共駐日大使館秘書長張世昌的指示下，於六十七年二月在東京成立「台灣自由民國革命委員會」，同時易名為吳泰安，自任主席，六月十二日，吳春發奉張世昌之命，偕同余素貞潛返臺灣，開始吸收李榮和、莊勳、陳文雄等人參加組織，計畫於九月廿八日在高雄進行顛覆活動。調查局在吳春發計畫尚未發動前，於九月間先期偵破，調查局同時在高雄市吳春出發住處搜獲致余登發信函及附件。

　　由於余登發明知吳春發欲「以暴力方式取得政權」，當時未向政府舉發，同時亦在當天日記寫下「吳泰安，彰化縣二林人」，因而使得余氏父子無端牽涉吳春發叛亂案。

　　另外，逮捕余氏父子之後，司法機關也在余宅搜出廿七張日本朝日新聞（一九七八年十二月廿七日）影本，上面刊載中共外長黃華及葉劍英等在「全國人民代表大會常務委員會」上對臺灣人民與海外華僑呼籲「統一戰線」的報導。由於余登發曾將此報紙影本交付其友人並為其闡釋，警總認定余登發此舉係在為匪宣傳，因此二項罪名被判處長達八年的刑期。

　　又提到：

　　然而由黨外運動發展史來看，余登發案卻非僅是涉及匪諜案的單

純事件，而是「對於戰後臺灣黨外勢力的結合、興起有著重大的影響。」因為六十七年底即將舉行的增額中央民意代表選舉期間，黨外人士利用選舉期間的「民主假期」，在施明德的籌畫推動、省議員張俊宏和林義雄的配合及黃信介的出面奔走下，於十一月成立戰後臺灣第一個組織化的黨外人士助選團。「臺灣黨外人士助選團」雖然是因應選舉而成立的臨時組織，但是卻促進了全島黨外的大串連，當時余登發所領導的高雄黑派也加入該組織。

但是，因為 12 月 16 日美國政府突然宣布與中華民國政府斷交，蔣經國總統當天發布緊急命令，延期選舉，使得如火如荼的競選活動戛然而止。突如其來的停選一事對於助選團造成衝擊，針對此情勢發展，黨外人士遂於廿五日在黨外總部召開「黨外人士國是會議」，並連署「黨外人士國是聲明」以為因應，余登發亦在該會議中被推舉為領導者。廿五日的會議之後，黨外人士為籌組黨外常設聯絡機構及保持黨外陣營的凝聚力，決定在六十八年一月廿九日由台北南下高雄進行拜年活動，同時沿途散發「黨外人士國是聲明」。另外，也計畫由余登發具名邀請，二月一日在高雄橋頭高苑工商舉辦民主餐會，將黨外勢力往南擴展。不料余登發與余瑞言卻在一月廿一日被以涉嫌匪諜案遭到調查局人員的逮捕。

又據起訴書所寫：

（吳泰安）於民國六十七年潛台活動，秘密結合黨羽，研定暴亂計畫，同年八月下旬某日，擇定余登發為對象，至高雄縣仁武鄉八卦寮余宅走訪，擬邀余登發參與協助暴亂實施，適余外出，由其子余瑞

言接待，吳春發密示「台灣自由民國革命委員會主席吳泰安」名片表明身分，并告以渠自日受匪派遣回國進行暴亂活動，因余瑞言未與多談，旋即離去。同月廿七日，吳春發偕余素貞至余家橋頭住宅再度拜訪，復因余登發不在，仍為余瑞言接待，吳春發當即說明來意為邀余父協助「革命」，并付予叛亂傳單「革命動員第一號令」十餘張，嗣余瑞言遵囑轉交余登發，當日傍晚吳偕妍婦至八卦寮余宅三度尋訪，與余登發晤面，余稱已見到轉來傳單，繼而表示台灣應先用和平包圍，爾後由共匪「解放」，對吳邀其參與暴亂事，則謂「要做你去做，我到時再看」，事後余登發、余瑞言均未告密檢舉。

(7)

　　既然軍事檢察官起訴的主要條文，不是嚴重的死刑「叛亂罪」，大家鬆了一口氣。我的辯護工作，就集中焦點在「知匪不報」。我的策略是挑戰吳泰安，證明他不是真的匪諜，而且說明治安當局知道他已偷渡回台，人民沒有「知匪不報」的問題。至於「為匪宣傳」未用太多時間。

　　我先詰問證人余素貞說，你們在何年何月何日抓到，何時起訴。她無法回答，說要問吳泰安。

　　以後我問吳泰安。吳泰安竟然無法回答，他從口袋裡淘出一張紙條在看，我靠近去搶，他閃開不給。審判長大聲制止我，我向庭上軍法官說明，一個人因叛亂大罪被抓，那有不記得被抓日期呢，還要看小抄才能回答。

　　我在閱卷研究時，發現吳泰安在 1978 年 6 月偷渡回台，到台灣後一直被跟蹤監視。當年 8 月他去見余登發父子，10 月被捕。被捕後幾個月卷宗內都沒有看到偵訊筆錄，到數月後卷宗內才有筆錄。軍法處抓到「匪諜」，是大事件，當天幾個單位都會密集拷問，那有隔了幾個月才問案寫筆錄？因此，我合理懷疑一定有筆錄隱藏及口供造假的情形。所以我故意問余素貞和吳泰安在何年何月何日被捕。

　　他們被抓後，隔了數月才編寫偵訊筆錄，牽連余登發父子，合理懷疑案件是捏造炮製的。

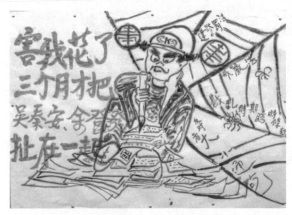

■聲援余登發父子發表的漫畫。
圖片提供／八卦寮文教基金會

■余登發父子涉嫌叛亂案,在景美警備總部軍事法庭受審,中共匪諜吳泰安(站立者)與余登發父子公開對證。圖片提供 / 中央通訊社

　　我在卷宗內偵訊筆錄也看到吳泰安回台後到處去見人,包括去見台北縣的李秋遠。他們沒有檢舉沒有被辦,只辦余登發父子,可見是選擇性辦案,有政治性考慮我在搶吳泰安紙條時,審判長大聲阻止,突然, 又大聲指責我,說「難道你是認為吳泰安是假匪諜嗎?」

　　我還沒有回答,站在一旁的吳泰安突然大聲喊:

　　報告審判長,我不是假匪諜,我是真匪諜!我是愛國的匪諜!

　　此話一出,驚動全場。以後台灣經常有以「愛國匪諜」一詞相取笑,更證明軍法庭安排吳泰安擔任「匪諜」,目的是在入余登發父子於罪。吳泰安出證立功,最後還是一死。我以後被捕入押在景美看守

所，據一位外役難友告訴我，吳泰安被押送去槍斃那天，他穿著西裝，擦著皮鞋，對外役牢友說，他被安排出國去南非，向大家辭行。明顯的，軍法處沒有將判死刑的判決書送交給他收。

又有傳說，泰安被押赴新店看守所，直到死前才發現失去利用價值而悔悟，據傳留下遺言：「我很對不起余老先生。」最後被槍斃以「殺人滅口」。

在我接辦余登發父子案件前，我很努力收集有關資料準備開庭。「台灣警備總司令部」大力宣傳情治單位在吳泰安偷渡入台時，就寸步不離的跟蹤監視，「中國國民黨」機關報「中央日報」及其他報紙都有登載，甚至吹噓吳泰安拜訪余登發父子時，也都在情治人員監控之中。

這種宣傳不管是否真實，在曝露出辦案人員或宣傳人員對法律規定的無知，及爭著搶功的躁急，更顯出余登發父子「涉嫌叛亂」「知匪不報」案件，純粹是一件為打壓黨外人士的炮製的政治案件。因為如果情治人員早已知道匪諜吳泰安的存在，就沒有甚麼人民「知匪不報」的犯罪問題。

國防部在四十二（1953）年九月十八日曾為「知匪不報」訂出「治罪標準」（廉龐字第2280號），其標準內容如下：

（一）在檢肅匪諜條例未頒佈以前，如明知某人為匪諜未予舉發，延至該條例頒佈後知悉其住址或行蹤，仍不告密檢舉者，應仍按該條例第九條治罪。

（二）在檢肅匪諜條例為頒佈以前，如明知某人為匪諜，未予舉發，延至該條例頒佈時，該匪諜已經政府明令通緝，或已拿獲法辦及自首者，依照刑法第二條第一項但書，應不為罪。

（三）所明知之匪諜，在政府能加以逮捕之地區內者為限，如在此範圍以外者，雖明知而不舉發，亦難科以該條之罪。

我當時也問審判長及台上的軍事審判官，鄧小平等人是共匪是匪諜，你們有去檢舉嗎？

台上三位軍事審判官不知道我在問甚麼，三人互相對看，沒人說話。我安慰他們說，不要緊張，沒事的，政府早知道他們是共匪是匪諜，你們沒檢舉沒有事，何況他們都在政府能加以逮捕之地區以外，國防部早就說這種情形，沒有「知匪不報」的問題。

吳泰安在日本時的言行，據情治單位的聲明，早已為台灣所派的特務所掌握，軍方也公開表吳泰安回台灣後的的一言一行都在政府人員掌控之間。如果這樣，情治單位如何能追究一般人「知匪不報」的責任呢？

根據當時國防部的規定，檢舉匪諜，政府會發給獎金，如果知匪不報，是犯罪行為，人民要接受刑事處罰。如果情治單位已知某人是匪諜，檢舉的人不會給獎金，沒檢舉的，沒有「知匪不報」的刑事責任。

據日本方面提供的「吳泰安在日期間言行調查札記」，「國際

■ 1979 年各大平面媒體報導吳春安（即吳泰安）匪諜案。圖片提供／艾琳達

人權組織」著手調查吳泰安滯留日本期間的言行活動，此一調查記錄，原名《Note on an investigation of WU TAI-ANs activities while in Japan》。摘譯如下：

甲、關於吳泰安的為人

　　吳泰安不止是一個宗教騙子，也是一個政治騙子。他善於行騙⋯⋯。

　　他以看相、乩童術裹脅別人。當這些邪術不逞時，則以威脅、暴力和恐嚇使人順從。林氏夫妻因有鉅款借吳（日幣四百萬元），因吳以若不計從，將不還借款要脅，而涉入其圈套。

　　很有可能吳與國民黨特務協力在日工作，以(1)製造與在東京中共使館連絡之證據；(2)陷害他們身邊的人。

　　吳常常夸夸然公開對每個人談「革命」。在酒吧、在公開場所，他經常吹牛稱他在搞革命工作，並且動輒把官位指派、委任與人。

　　差不多沒有人相信他的話。但也沒有人公開嘲笑他—因為如果有人當面表示不相信，吳會跟你吵架。但在背後，人們常以他的「革命」開玩笑。

　　林孝榮因有鉅款借吳，為了怕吳不還，不能與他人一樣在必要時不與吳往來。林是老實人，並不富有，但是吳的借款卻是不小的數目。

　　（關於中共大使館送錢到台灣的事）我從來不曾聽說過這種事，

如果真有這種計劃，他一定早已到處吹牛，來誇口他正在幹一場由中共資助的「革命」。

（關於吳在台灣法庭說中共命令他將林送到台灣的事）我從來沒有聽說中共給他這麼一個命令。我相信吳也沒有那樣告訴林。因為與吳泰安敷衍以利討回債款是一回事，真正參與「中共指導下的革命」恐怕對林氏夫妻來說又是另一回事。不過吳常常誇耀他和中共使館的「聯繫」關係——但卻從來沒有說過或暗示過他接受中共使館的命令。

吳泰安開始大談「革命」，是一九七八年一月的事，他突然成為「大人物」和「要人」。他常常說中共請他做這個、做那個。後來，他的故事變了，他再也不談中共的事。這大約是在三月或四月初，然後他又開始談國民黨裡分成兩大派別，互相有矛盾，在日本的國民黨人要他出來解決國民黨內部的爭執。再不久，他又說他不久要回台灣領導一場武裝革命。當然，現在你將他說過的這些事弄在一道，就知道全是胡說八道，毫無意義。當時我們也不相信他的話。人們都把它當笑話看，但沒有人想到他是國民黨利用來製造政治案件，陷人入罪的傢伙。

我根據國防部的「治罪標準」及有關規定提辯護狀，主張既然情治當局承認早已掌握吳泰安的行蹤，即不應課余登發父子「知匪不報」的責任：

查「知匪不報」之罪，係指人民違背法令上「強制行為」所負之刑事責任，並非懲治叛亂條例之叛亂罪。處罰本罪之目的，在於檢肅匪諜，故科人民以告密檢舉之強制義務，但應以人民確切明知某人

為匪諜時，始令其負責，國防部早有明令說明（五十六年十月二六日〈五六〉分努字第七八號令）。依據有關規定及本令之解釋「知匪不報」之罪，必須具備下列四項要件：

（一）必須有「匪諜」存在。

（二）必須犯人「明知」其為匪諜。且知其住址或行蹤。

（三）必須有未為檢舉之「不作為」。

（四）必須政府因其未為檢舉，而不知有匪諜存在，未能為檢肅，致妨害治安，損害國家。

　　辯護狀又說：

　　至於被告是否有明知吳某為匪諜之事，據被告供稱：「因為我懷疑他們是治安機關派來陷害我們的，所以未舉發（六十八年二月六日三軍總醫院供詞），同案被告余登發亦供稱：「因為我懷疑吳泰安是國民黨派來之間諜要陷害我的，所以未向政府舉發」（六十八年一月廿五日調查局筆錄），其吳某之行為與言談不足以使人相信為匪諜，甚為明顯。……國防部令亦稱：「對於叛徒之身份當時只是心存懷疑，尚未確悉為匪諜，應不構成明知為匪諜而不告密檢舉罪」（四十三年十一月廿七日清澈字第三六三一號），可見被告既不確知吳某為匪諜，自無犯罪可言。

　　又提到：

　　吳泰安逢人即言革命，早為我國派駐日本之特派人員知悉，並已向國內治安機關報告，故吳某二人於民國六十七年六月十二日上午八

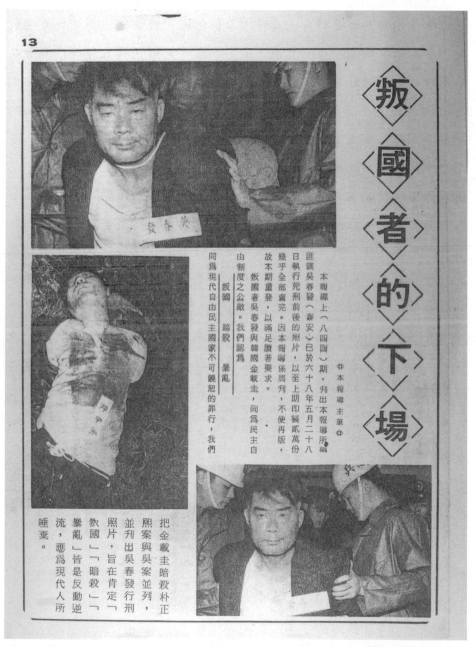

13

〈叛〉〈國〉〈者〉〈的〉〈下〉〈場〉

本報導主筆 中

本報導上（八四四）期，刊出本報導所載匪諜吳春發（春安）已於六十八年五月二十八日執行死刑前後的照片，以至上期印製貳萬份幾乎全部賣完。因本報導係周刊，不便再版，故本期重登，以滿足讀者要求。

叛國者吳春發與韓國金載圭，同爲民主自由制度之公敵。我們認爲

叛國　暗殺　暴亂

同爲現代自由民主國家不可饒恕的罪行，我們

把金載圭暗殺朴正熙案與吳案並列，並刊出吳春發行刑照片，旨在肯定「叛國」「暗殺」「暴亂」皆是反動逆流，應爲現代人所唾棄。

■ 1979 年 4 月 16 日，台灣警備總部軍事法庭宣判吳泰安死刑，這是警總發行的叛國者的下場，吳泰安被槍斃的傳單。圖片提供 / 艾琳達

點二十分偷渡到台灣時，已為情治單位認出，且以後「他們一路的行蹤，都在治安機關人員的監視之中，一舉一動都被攝入鏡頭」「吳某等原以為他們的計畫很周密，他們的行動神不知鬼不覺，殊不知他們的任何行動，一直都在情治機關的嚴密監視之中。很多警覺性高的計程車司機，和當地居民，都早已先後秘密提出檢舉」（六十八年二月十日中央日報第十一版「法紀」，作者陳春木，已聲請傳訊），高雄民眾日報記者謝庭萱亦稱：「吳春發從日本回來時，即被我治安人員嚴密監視，因他在日本的活動情形，我治安機關派在海外的情報人員，已有充分資料，知道吳春發回台從事顛覆活動。為避免打草驚蛇，故吳春發回台時，沒有逮捕他。可是他到任何地方，做任何事，都在治安人員掌握之中。甚至他與任何人談話，都被治安機關錄音」（六十八年二月廿七日第三版），可見吳春發如係匪諜，其行蹤早為政府所掌握，被告又不知吳某地址或行蹤，無從檢舉，縱不為檢舉，亦非犯罪行為。

　　我提出「中央日報」，「民眾日報」的剪報及《吳泰安滯留日本期間的言行活動報告》給軍事法庭作證，並請傳兩報記者到庭說明。當時「中央日報」寫那條新聞的陳春木記者坐在第一排旁聽，軍法庭沒有傳他上庭說明，我向前拉他站起走前出庭作證，他抗拒不肯，審判長阻止我拉人。

　　陳春木記者雖沒有上前發言說明，但全法庭的人都知道有國防部的規定，也知道情治機構有發表全程監控吳泰安行動的新聞，如此，余登發父子「知匪不報」的罪名根本不能成立。

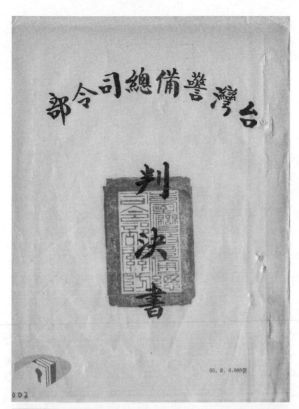

■ 1979 年台灣警備總總司令
部判決書。
圖片提供／國家發展委員會
檔案管理局

■ 1979 年，台灣警備總總司
令部判決正本函。
圖片提供／國家發展委員會
檔案管理局

　　軍事法庭幾位軍法官面面相覷，審判長故作鎮定，繼續進行程序。

　　以後軍法庭判決，對國防部的規定，對此不提片言。當然，軍法庭的威信受到很大的打擊。

　　「台灣警備總司令部」為了鎮壓黨外炮製吳泰安及余登發父子案，手路很粗拙，我在兩案的卷宗中也發現很多矛盾雜亂的地方，即使簡單的案號編寫也可看出案件變改的痕跡。

　　以後，在我因「美麗島雜誌叛亂案」關押在「景美看守所」期間，有一位在軍法處服務很久的台灣人工友告訴我，余登發案子審判後，那幾個參加審判工作的老軍法官很難過，他們沒有遇過像姚先生您們這種軍事辯護人。他們覺得他們在軍法處已經沒有前途了，以後的軍法審判不會像以前那樣好處理了。那人說：

　　余登發案子審判後的端午節，軍法處加菜，他們拼命喝酒，有的人還哭出來呢！

　　軍法處的軍法官一向很好做，軍事辯護人不大做有效的辯護，審判長權威很大，不容許軍事辯護人多所挑戰。有軍法官退下來的律師同道告訴我，在「為匪宣傳」的案子，如果辯護人主張被告的言論沒有不當，審判長會提醒辯護人；

　　那麼你的思想也有問題，你也是在為匪宣傳！

　　軍事辯護人所能做的，就是「懇請庭上姑念被告一時無知失誤，請從輕量刑」。

跟據軍方的資料，軍法處的軍法官有大陸來台舊有的老軍法官，亦有在台灣招訓受完整法律課程的年輕軍法官。舊有軍法官之學養及審判文化與時代要求有很大距離。據學者謝孟達研究，以前甚至包含軍事檢察官與軍事審判官在內的「軍法官」資格任用上，僅要求修習法政之學1年以上、不必考試。就過往最常判死刑的軍法官，全是外省籍，僅4位有正統法律背景，其中殷敬文擔任福建地方行政幹部訓練團，法學訓練是問號，范明亦無明確法學教育背景，可能是經考試訓練後才成為福建司法處審判官。

由於時代的變遷，律師地位素質的提高，軍法審判無法維持原有的情形，余登發案件審判後，舊制軍法官自知好景不再，所以端午節醉後難過痛哭。第二年的「美麗島叛亂案」全部改派年輕軍法官出庭。

又有一天在看守所內籃球場遇到出名起訴余登發的楊威檢察官。他告訴我，他要退伍了，全家要搬到阿根廷。

我不知道他為甚麼要告訴我這件事。

(8)

「余登發父子叛亂案」判決後，並沒有達到抑制黨外運動的效果，在許信良縣長被停職後，黨外的活動反而更熱烈，但由於「余登發父子叛亂案」的發生，對台灣的民主運動造成莫大的影響。余登發的言論雖偏向統派，但主張「台灣獨立」的黨外人士照常聲援，因大家知道這只是情治單位壓制民主運動的先聲，黨外基於捍衛言論自

由，繼續進行民主運動及保護本身安全，大家團結奮力聲援。至於統派如陳鼓應等人，則保持距離，並沒有積極參加聲援工作。

1979年12月，美國卡特政府宣布與北京「中華人民共和國」建立外交關係。1980年4月卡特簽署《台灣關係法案》，確定台灣與美國新關係。

自此以後，台灣的黨外陣營出現分裂，有「台灣獨立」立場的這些人主張台灣既不屬於「中華人民共和國」，未來的努力方向應該是將台灣塑造成一個獨立國家，而有台灣與中國統一立場的一些人，則認為台灣遲早會被中國併吞，不願再為台灣的民主運動出力，有些或者認為「中國國民黨」政府下手抓余登發，是要開始對統派下手，因而避免多參與聲援工作。

黨外獨派為了表示台灣是主權獨立的國家，不是「中華人民共和國」的領土，而且無意成為「中華人民共和國」的一部分，於是發表公開聲明，主張台灣應加入聯合國，間接表示台灣是一個獨立的國家，這是「台灣獨立」主張最明顯的表示。

1979年4月12日發表的《黨外國是聲明》主張台灣加入聯合國：

我們認為在這個全球人類命運已息息相關的時代，沒有一個國家能自立於國際社會之外。為了不使我國從此淪為國際孤兒，遭受外來的經濟封鎖與抵制，並為了重建全國國民信心，積極參與國際活動，繼續拓展國際貿易，促進國家安全，我們認為除了應該不惜一切代價，確保我國在各種政府與民間的國際組織中的現有會籍外，我們應再努力爭取我國在聯合國應有的會員資格。

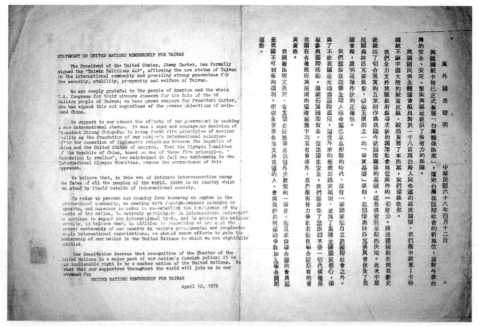

■ 1979 年 4 月 12 日,「黨外國是聲明」中英文傳單。圖片提供 / 艾琳達

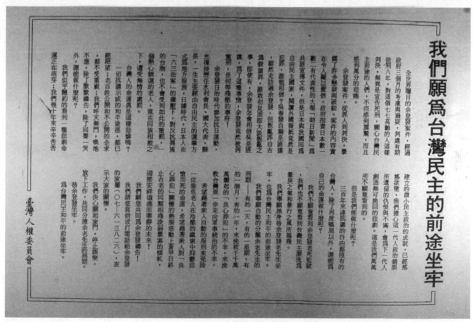

■ 1979 年 5 月 21 日,黨外人士成立的台灣人權委員會發表「我們願意為台灣民主的前途坐牢」的宣言,抗議政府對余案的判決。傳單提供 / 艾琳達

台灣黨外統派自從「台灣加入聯合國」聲明事件後，因不願承認台灣是主權獨立的國家，不願簽署公開聲明，即與黨外獨派漸行漸遠，以後多不參加「美麗島運動」，沒受高雄事件牽連受難。

(9)

「余登發父子案件」餘波盪漾。

作者龍城飛（原名楊雨亭，國立台灣師範大學歷史學博士）在他的文章《誰在搞「革命」》中提到；

筆者查看網路有關台東海山寺的訊息，1950 年代開始擔任海山寺住持的修和法師，為第 4 任住持，長期資助紅葉少棒。1979 年，曾經在海山寺擺攤算命的吳泰安因被指為匪諜遭捕，牽連余登發、釋修和（李榮和）、陳文雄、高金子等。日後，海山寺住持紹弘法師回憶：「和幾位信徒去探望刑期將滿的修和法師，當時身體尚健康，談吐也很正常，沒想到經過幾天後，就不明不白地死在獄中。」星雲法師認為吳泰安為精神病患，幻想要推翻政府，還寫了許多聘書，其中要修和法師當「國軍總司令」，造成修和法師冤死於獄中，余登發也受冤入獄。

又說：

從「台東海山寺事件」方向，可以看見引向「余登發案」的一個線索，而吳泰安為何會找上余登發？余登發又如何被吳泰安招致為「匪諜」？此為余登發案中的一個重點。而被判無期徒刑的修和法師

（即李榮和）在解嚴後，經過減刑可以出獄之前，卻突然死亡，星雲法師說「冤死於獄中」，其中應有蹊蹺，並說「余登發也受冤入獄」，說明星雲亦不信余登發會叛亂。

「台東海山寺事件」，吳泰安「搞革命」，把海山寺幾乎毀掉。

「台灣警備總司令部」在審判結束後，透過其「工作關係」（線民）到處去探聽各方的反應。據國史館《戰後臺灣政治案件 / 余登發案史料彙編》記載，大專學生有不同的反應：

葛永光（台大政治研究所學生）：

■美國人權工作者梅心怡在日本大阪將余氏父子被捕消息，傳遞給國際人權組織，展開救援工作。圖片提供 / 艾琳達

　　有關單位辦理吳、余等叛亂案，無論在調查、蒐證、及審判過程，都秉持及審慎的態度，充分表現維護人權、尊重法治的精神，值得稱讚。在量刑方面，極為適中，然而由審理至宣判的這段時間來看，似嫌緩慢，容易導致外界猜測。尤以余登發是依據「知匪不報」、「為匪宣傳」兩罪中最輕之刑罰來併處八年徒刑，似嫌過輕，難免使人認為當局係受黨外份子遊行、示威活動之影響，更足以助長渠等今後囂張氣焰。

　　（二）粘榮發（台大電機系四，「大學新聞社」社長）：

　　吳春發是國民黨所「運用」的犧牲品，為了使余登發判重刑，將原可以「姑念無知」（因吳春發僅小學畢業）為由，從輕發落的吳某置之死地，這是一項「政治犧牲」。由余案被判重刑顯示，國民黨內部「軍統派」的勢力抬頭，「開明派」之影響力仍未能有效發揮。

　　（三）蘇煥智（台大法律系三）：

　　我始終認為當局不可能判余氏無罪，因為怕下不了台，如今余氏被判八年重刑，出人意料之外，足以顯示今後國民黨對黨外人士將採取更激烈的手段，同時此次選擇美國總統卡特已簽署「台灣關係法」及「美國在台協會」開始作業之時，宣判本案，頗耐人須尋味，無論如何，今後大家的言行務必更加謹慎。

　　（四）田正人（台大法律系二，偏激份子田朝明之子）：

　　黨外人士大都認為余氏被判八年實嫌過重，目前除了將上訴外，很可能採取聲援行動，據了解：本案重要證人蔡平山，曾在姚嘉文處

留有一書面資料，這將是有利的申辯證物，黨外人士可能向當局提出，或印刷散發。

又據工作關係戴光輝提供資料：

一般反應：台北市中華路紅樓市場茶館中，市民認為余案遲至本（四）月十六日宣判，而「美國在台協會」適於是日開始作業，時間未免太巧合，導因於美國曾就余案向我國施壓力，另有人認為純係巧合，美國政府不致如此，否則就是在干涉我們內政，引起激辯。

（二）一群同情余登發的政治份子，確信余某是無辜的，他們認為吳泰安是政府計劃設置的演員。此項說法本應隨吳某之宣告槍決而告結束，但是一些持疑份子說，除非看到吳某的屍首，他們不擬改變他們的看法。

余登發案後兩個多月，立法委員康寧祥與司馬文武（江春男，民進黨執政期間，曾任國安會副祕書長）共同創辦之《八十年代》雜誌，於民國 68 年（1979）7 月號上，刊載〈立法委員康寧祥對余登發案件判決的聲明〉，其中說：

記得民國 49 年（1960）「自由中國」雜誌的實際負責人雷震也是以「知匪不報」、「言論違法」被判處十年有期徒刑。他所積極籌組的「中國民主黨」也就因此煙消雲散。事隔 20 年，余登發又以「知匪不報」和「為匪宣傳」被判 8 年，他所籌組的黨外人士聚會也告失敗。難道說國民黨政府推行 20 年政治建設的成果，只是在判處政治上的批評者時少了 2 年徒刑嗎？難道說國民黨政府推行 20 年政治建設的結果，還不能建立起一套更合理性、更合法治的政治競爭軌道

嗎？……本人除了對余登發先生及其家屬致以慰問和最誠摯的敬禮之外，更鄭重呼籲國民黨結束 30 年來一貫的政治案件處理方式，以光明磊落的民主風度接受批評者的挑戰，讓所有愛國家愛社會的人民，能在理性、民主、法治的政治軌道上貢獻其愛心與智慧而免於恐懼。

康寧祥（署名）於民國 68(1979) 年 6 月 1 日。

■ 2015 年 1 月 22 日，高雄橋頭事件 36 周年，姚嘉文、施明德、陳菊、陳婉真重回當年遊行現場。攝影 / 邱萬興

文章叛亂數罪狀

筆比劍更有力 (The pen is mightier than the sword)。

（文勝於武，筆勝於劍）

---- 英國大文豪莎士比亞。

口者，心之門戶，智謀皆從之出。

---- 中國古學者鬼谷子《鬼谷子・捭闔篇》

知識就是力量 (Knowledge is power)。

---- 英國哲學家培根 (Francis Bacon)。

■《美麗島》雜誌社成員在編輯部樓下合影。圖片提供／艾琳達

■《美麗島》雜誌社成員在仁愛路上合影，前排右起呂秀蓮、黃天福、許信良、林義雄、黃信介、姚嘉文、張俊宏、施明德、林文郎；後排右起張美貞、陳忠信、劉峰松、歐文港、魏廷朝、楊青矗、吳哲朗、陳博文、紀萬生、謝秀雄、張榮華。
圖片提供／張榮華

(1)

言論是台灣黨外民主運動的重要武器。

1970 年代前後，台灣島內民主運動主要依賴發表言論。

言論有許多表達方式，街頭演講、政見發表會、室內座談會、廣播電台廣播。形成文字的媒體有傳單、海報、小冊子、書本雜誌、報刊。

廣播電台、書本雜誌、報刊傳播最廣，效果最好。

台灣黨外很重視這些媒體。

主張和平改革，使用群眾路線的台灣黨外運動，很重視言論的散播。台灣在「中國國民黨」政府的黨化教育及謊言統治之下，能將正確的資訊及反抗的理念，散發出去，喚起民眾，推動民主化及建國運動，會有效力會有結果。

■ 1979 年 4 月 2 日，姚嘉文律師在黨外總部接受瑞典電視台訪問。
攝影 / 陳博文、圖片提供 / 吳三連台灣史料基金會

英國哲學家培根（Francis Bacon），說過：「知識就是力量」。傳播政治知識給人民，能強化黨外的力量，因為知識就是力量的一種。

中國古代學者鬼谷子，早就肯定言論及思想的力量。他說過：「口者，心之門戶也；心者，神之主也。」意思是說「嘴巴，是表達內心思想的門戶；而心靈，是人的精神世界的主宰。」能得到民意的支持，就得到力量。

黨外需要發表言論，需要有有效的媒體。除了傳單、海報、小冊子、書本外，我們需要雜誌報刊。台灣戒嚴時期，實施報禁，也不准增設廣播電台，雜誌則採核准制，申請執照很不容易。

1975 年黨外的「台灣政論」被禁刊後，黨外人士期望再申請一本雜誌。不久，黃信介立法委員告訴我們，他去爭取的結果，「中國國民黨」當局答應再准黨外發行一本新雜誌。他指示我的律師事務所準備申請文件，提出申請，並決定採用周清玉建議的「美麗島」三字做為雜誌名稱。

我不知道黃信介委員所說答應再准新雜誌的「中國國民黨」當局是哪個單位。就目前公布的資料看來，軍方與情治單位並不

■ 1979 年以周清玉命名的《美麗島》雜誌，向台北市政府新聞局提出申請設立登記。圖片提供 / 袁嬿嬿

贊成讓黨外再有一本新雜誌。應該是行政部門知道無法阻擋社會要求開放的趨勢，才同意核准雜誌的發行。軍方與情治單位在雜誌發行之初，即要求查禁。這也可看出軍方與情治單位和行政機關之間的不同態度。

「美麗島雜誌」經新聞局核准後，調查局及國家安全局就秘密切注意，嚴密監控，安置人員（官方資料稱為「運用人員」或「關係人」），收集雜誌社國內外活動及會議資料，並稱黃信介等人為「政治陰謀分子」。

在 1979 年 7 月 13 日「國家安全局」內部一件密簽顯示極端敵視態度。密簽提要說「調查局情報：政治陰謀分子籌辦《美麗島》雜誌情形簽核。」

國安局三處四科建議：

政治陰謀份子假「美麗島雜誌」形成組織，在合法掩護之下，從事陰謀活動散佈不妥言論。雖已由有關單位研究對策，採取防治措施，似宜重視其發展。

「國家安全局」除設「安和專案」密切監控外，在雜誌社規劃籌辦創刊酒會時，即不斷介入干擾。

當年 10 月 17 日的內部最速件顯示在研商「處理國內少數偏激刊物之利弊得失問題」認為《美麗島雜誌》之活動，「為害最大，若不予處理，將使一般民眾懷疑政府之決策與能力，形成特權，而導致其他正當刊物之效尤」，於是做出這樣的結論；

1、「美麗島雜誌」應加處理，現為最適當之時機。

2、對於出版物之處理，優先引用出版法。

3、對有關人員是否涉及刑責問題，另案研處。

4、處理時，輿論配合措施，請警總「迅雷小組」辦理。

5、陰謀份子因該雜誌之被禁，在治安方面可能興風作浪，請警總注
　　意防患。

　　另外，又認為「照目前情勢看，依法查禁《美麗島雜誌》，勢在
必行，但如僅孤立的處理其出版物，而無其他行為予以配合，彼等仍
可換一名稱再行出版藉詞（注：原件文字不清），興風作浪，亟宜趁
機採取適當措施法律行動，瓦解其各地之組織，壓制其杯葛行為。

　　所謂「採取適當措施法律行動，瓦解其各地之組織，壓制其杯葛
行為」，當然是指進行逮捕行動。研究「美麗島事件」的學者常常指
稱高雄人權日的活動發生衝突，是造成「美麗島事件」大逮捕的原因，
其實遠在十月間，軍方與情治單位就有採取「適當措施法律行動」的
構想。

　　景美看守所方面證實，在高雄衝突事件發生至少一星期發生前，
看守所裡面已在調動房間，修補牆壁，預備迎接新住客，加上這時間
有關人員都發現被強力跟監。可見，高雄衝突事件只是進行大逮捕的
藉口，甚至相信高雄衝突事件是情治單位操縱規劃的，軍方與情治單
位多方介入並派人參與有關活動準備工作。旁觀者注意到鎮暴部隊

■ 1979 年，兩本對黨外民主運動有相當影響力的雜誌《八十年代》和《美麗島》先後出刊，對國民黨的衝擊尤其強烈。

「先鎮後暴」是為事實。

　　早在 8 月中雜誌發刊後，「國家安全局」內部審查時，曾比較與「八十年代」兩雜誌之不同，並提出解決方案：

　　「美麗島」與「八十年代」兩雜誌同屬偏激言論刊物，對本黨及政府施政予以歪曲，挑剔與汙衊，其所不同者，「美麗島」言論比較尖銳而情緒化，而「八十年代」標榜誠懇理性，直而不犯，較「美麗島」為含蓄，表現方式亦較技巧。就其對讀者之影響程度而論，「美麗島」情緒化言論，對一般群眾蠱惑作用較大，而「八十年代」之言論，具有說服力，對知識份子之影響遠較「美麗島」更為深遠。

「國家安全局」內部所提解決方案有甲乙兩案：

甲案

提出建議意見認為「美麗島」雜誌創刊號，顯然觸犯「台灣地區戒嚴時期出版物管制辦法」第三條第五、六、七款之規定，對其出版發行人應依有關法令予以處分並扣押其出版物。

本案優缺點分析：P458

優點：

對陰謀份子偏激言論產生嚇阻作用。

顯示政府「依法處理」之決心。

對已受停刊或查禁處分之刊物，如：「這一代」、「夏潮」、「富堡之聲」、「青雲」等，顯示公平。

缺點：

對政府寬容決策，稍有出入。

易被陰謀份子藉機渲染「沒有言論自由」，影響國際視聽。

查禁（扣押）執行不易徹底，反而助長其暗中流傳。

乙案

秉承政府寬容決策，不予處理，並透過關係予以疏導，約談、化解，以觀後效。如爾後再有更偏激之言論，再依法處理。

本案優缺點分析：

優點：

顯示政府寬容決策。

顯示政府為促進團結，以感化為手段之決心。

缺點：

可能助長陰謀份子之氣焰而不知悔改。

對已受處分之刊物，可能產生「標準不一，處理不公」之怨言。

目前不處理日後漸成氣候，處理更為困難。

對絕大多數擁護政府，熱愛國家之民眾，易使之失望。

根據以上兩案優缺點之分析，擬採甲案較為妥當。

(2)

「美麗島事件」發生時民間有一個傳說，政戰部主任王昇將軍為了要選總統，需要壓制「台獨」人士，需要阻止解除戒嚴及國會全面改選的主張的流行。所以，自 1975 年以後的鎮壓，基本上是他在主導，但就蔣經國日記中的各種記載看來，鎮壓「台灣獨立」力量本是他的主張。蔣經國故意不指責黨外主張「台灣獨立」，而硬冠上「通匪」的莫須有罪名。

就此看來，雖然「中國國民黨」黨政部門知道台灣民意與前不同，本土與民主力量未能如前完全受到壓制，但軍方與情治單位仍如前主張強力壓制。軍方與情治單位的態度應是反映蔣經國的立場。

「美麗島雜誌」每期內容每篇文章，軍方與情治人員都認真閱讀，而以過時的保守思想作批判，認定均具有叛亂思想。

「中國國民黨」政權，對台灣人民的政治運動，竟依賴對時局無知的軍方與情治人員處理，注定有悲慘的失敗。同時，也顯示僅僅幾位文人學者寫些文章，就可讓有刀有槍有戒嚴令的「台灣警備總司令部」與「調查局」人員心驚膽戰。

筆比劍更有力（The pen is mightier than the sword.）真的不錯。

司法行政部「調查局」設有專人研讀每期的《美麗島雜誌》文章，作成分析並指出所犯法條，顯然已為未來禁刊及抓人起訴作準備。

創刊號文章作列「所犯法條」有這些：

1, 傳播不實消息。觸犯懲治叛亂條例第 6 條。

2, 有利於叛徒（余登發）之宣傳。觸犯懲治叛亂條例第 7 條。

3, 具煽動顛覆政府陰謀。觸犯懲治叛亂條例第 2 條。

4, 違背國策之言論有意圖破壞國體之陰謀。觸犯懲治叛亂條例第 2 條 3 項

5, 言論違背基本國策有利於匪之宣傳，觸犯懲治叛亂條例第 7 條。

6, 傳播不實消息，足以妨害治安或動搖人心，觸犯懲治叛亂條例第 6 條。

■《美麗島》雜誌社發行人黃信介召開編輯會議。圖片提供／艾琳達

■ 1979 年《美麗島》雜誌社發行人黃信介召開編輯會議，左起黃信介、許信良、姚嘉文、施明德、張俊宏。攝影／陳博文、圖片提供／吳三連台灣史料基金會

第二期文章作列「所犯法條」有這些：

1, 對鐵路警察、郵局，構成刑法第 310 條第 2 項誹謗罪。

2, 隱約間接贊成以暴力推翻合法政權，教唆群眾觸犯懲治叛亂條例第 2 條暴力內亂罪，其他相關法條，該條例第 6 條散佈謠言或散佈不實之消息罪，第 7 條有利叛徒之宣傳罪，刑法第 153 條煽惑犯罪或違背法令之罪。

3, 詆譭國策，搖動人心。懲治叛亂條例第 6 條。

4, 煽惑大家亂亂來，觸犯刑法第 153 條煽惑犯罪。

5, 對選務單位涉嫌觸犯刑法第 310 條第 2 項誹謗罪。復主張人民武力自保，違反依法律主張權利之原則，涉觸犯刑法第 153 條煽惑他人違背法令或抗拒合法之命令。

6, 誣衊元首，涉嫌觸犯刑法第 310 條誹謗罪。

第三期文章作列「所犯法條」有這些：

1, 違反出版物管制辦法第 3 條第 6、7 款之規定。

2, 有觸犯懲治叛亂條例第 7 條煽動叛亂之嫌。出版物管制辦法第 3 條第 6 款。

3, 違反懲治叛亂條例第 7 條之規定。違反出版物管制辦法第 5、6 兩款之規定。

我在這一期寫了一篇《愛國論》，分析人員指出幾句不當文字：p118

當一個政權不獲得人民支持時，當執政者殘害人民的權利與自由時，人民起而反抗，本身是一種愛國行為，但執政者都常常以「叛亂罪」相加。

當執政者或假借執政者的權勢凌辱百姓，而要人民盲目服從時，他們所能用的最佳口號，便是「愛國」，（有時鼓吹暴政的人會假惺惺的問道：「愛國有罪嗎？」）」

主張正統者，認為他國並非中國，他國政權為「偽政權」。

「正統」之爭，與「法統」之辯，有同工異曲之妙。

很有趣的是：越是沒有掌握到正統地位的政權，越會堅持正統的觀念。

負責研讀的情治人員的分析後認為有這樣的不法事實：

一、曲解「愛國」與「正統」之真實含意，同時默認匪偽政權為合法政權。

二、違反懲治叛亂條例第 7 條之規定。

《美麗島雜誌》的第四期雖然被禁，但其文章仍作分析所列「所犯法條」有這些：

1, 觸犯刑法第 310 條誹謗罪。

2, 觸犯刑法第 153 條公然煽惑他人犯罪之罪嫌,並違反出版法第 32 條 2 款及 40 條之規定。

7, 涉嫌刑法第 210 條第 3 項及懲治叛亂條例第 7 條之罪嫌。

5, 違反懲治叛亂條例第 7 條之罪嫌,及出版法第 33 條、39 條、出版物管制辦法第 3 條第 6 款等規定。

6, 涉嫌刑法第 310 條第 2 項之罪。

7, 涉嫌刑法第 310 條第 2 項之規定。

8, 涉嫌刑法第 153 條煽惑他人犯罪及出版法 32 條 2 款、39 條、40 條等之規定。

9, 違反出版法第 33 條及 39 條之規定。

10,違反出版法第 33 條及 39 條及之規定、及出版物管制辦法第 3 條第 6 款等規等。

　　除了少數文章雖被認為「內容不妥」,列為「尚難構成刑責」外,絕大多數文章,都被為犯罪。

　　「美麗島雜誌」第二期(1979 年 9 月號)曾登載作者筆名林文德的一首詩,讚賞台大醫院分割連體嬰的成功:

　　上天的旨意,台灣醫術的登峰造極。

　　肯定生命,九月十日,醫德的光輝、團結,

　　洪文宗的第一刀,陳漢廷的最後一割,

割開了連體嬰兩個生命的獨立！

生命本獨立，何忍強連理？

分割萬歲，生命獨立，從此

忠仁是忠仁，忠義是忠義，

不再同床異夢，你醒我眠，

手足之情彌篤，個體再不相依，

堅忍、強韌的阿仁、阿義，你們

為生命獨立走了一小步，

登峰造極的臺灣醫術者，你們

為分割技術邁開了一大步！

人生的意義是自己作主，

生命的價值是各自獨立。

生命！人道主義的光輝下，

高官顯要，販夫走卒，

皆不應是刑場上的冤魂，

更不該是為一將功成而枯的萬骨，

生命是價值的依據，

生命要挺拔的獨立！

在調查局偵訊期間，偵訊人員提到這首詩，搖頭冷笑說你們不會忘記利用機會還宣揚「台獨」理念，說「政論雜誌為甚麼在登醫界分割連體嬰的事」。

(3)

「美麗島雜誌社」不但發行雜誌，發表文章，而且舉辦各項活動。軍方與情治單位密集收集「美麗島雜誌社」各方面的活動情報，尤其是高雄市國際人權日的活動。

不論軍方與情治單位是想利用「美麗島雜誌社」高雄服務處舉辦活動，釀成衝突，做為進行大逮捕的藉口，或是透過安置在雜誌社的「內線」人員操縱計畫衝突活動。軍方與情治單位都密切掌控服務處籌備工作的進行。

當高雄服務處在 1979 年 12 月 9 日下午 14 點召開「12 月 10 日人權大會籌備會」時，調查局的「內線」馬上將會議內容專送台北，報告「籌備會由施明德主持，會中所有決議大都為施明德之計劃」，以及決議詳情，包括大會指揮、工作分組、準備器材（火把、標語、木棍）。並記錄「安全人員一切聽命於施明德，原則上木棍以自衛為原則，不先出手打人」。

■ 1979 年 9 月 28 日，姚嘉文在《美麗島》雜誌社的高雄服務處成立茶會演講。
攝影 / 陳博文、圖片提供 / 吳三連台灣史料基金會

■ 1979 年 12 月《美麗島》雜誌社的高雄服務處。
攝影 / 陳博文、圖片提供 / 吳三連台灣史料基金會

據「內線提供」的情報記錄記載會議決定：(一)P71

遊行隊伍以發財小客車兩部當前導，大卡車在後，所有演講人員坐在車上，施明德在大卡車上總指揮，後面有四輪私用轎車，由黃重光、蘇秋鎮、陳武勳、周平德開車，再後為布旗隊，上書慶祝世界人權紀念日，由各縣市代表掌旗，後面為遊行隊伍。

如果治安機關同意在扶輪公園舉行，則遊行隊伍由高雄服務處步行至扶輪公園。若不准，則由美麗島遊向火車站及人鬧區，不惜與治安人員發生衝突，也要遊行到底。

「美麗島雜誌社」除了編輯及發行雜誌外，還有組織及活動。「美麗島雜誌社」被認為是「沒有政黨之名的政黨」是因為有嚴密的組織，除了「雜誌編輯委員會」外，尚有「社務委員會」及「基金管理委員會」。各地方各有縣市服務處。

據司法行政部「調查局」1979年12月對「美麗島總社」的調查與監控」所提出的「陰謀集團美麗島雜誌社非法活動動情況簡報」所列「美麗島雜誌社」的組織系統如下：

總　　社

發　行　人：黃信介

發行管理人：林義雄、姚嘉文。

基金管理委員會：主委姚嘉文、委員黃信介、施明德、許信良、

　　　　呂秀蓮、林義雄、張俊宏、張德銘、黃天福等八人。

社　　　長：許信良（出國後，由黃天福代理）。

副 社 長：黃天福、呂秀蓮。

編 輯 部：總編輯張俊宏；編輯委員王 拓、呂秀蓮、施明德、
　　　　　張富忠、陳忠信、陳 菊、許信良、姚嘉文、黃天福、
　　　　　楊青矗、陳博文、蘇慶黎、魏廷朝、林義雄、黃煌雄、
　　　　　謝三升、謝秀雄、吳哲朗等十八人。

總 經 理：施明德。

社務委員：康寧祥、黃信介、姚嘉文、黃順興、施明德、許信良、
　　　　　陳菊等九十餘人。

地 方 組 織

在台省各縣市設服務處及基金管理委員會，人事部屬如次：

（一）　桃園縣服務處 ：主任吳仁輔。

（二）　台中縣市服務處：主任吳哲朗。

（三）　南投縣服務處 ：主任陳採龍。

（四）　高雄市服務處 ：主任楊青矗；總幹事林弘宣。

（五）　屏東縣服務處 ：主任邱茂男。

　　　（以上均已先後成立）

基隆市服務處：主任方天寶。

雲林縣服務處：主任黃　蔴。

嘉義縣服務處：主任陳珠愛。

台南市服務處：主任謝秀雄。

高雄縣服務處：主任林景元。

東部地區（包括花蓮、台東縣）服務處：總幹事高明成。

（以上已著手籌備，尚未正式成立。）

■ 1979年9月8日，美麗島雜誌社在中泰賓館成立酒會，右起施明德、林義雄、呂秀蓮、
黃天福、黃信介、許信良、張俊宏、姚嘉文。
攝影／陳博文、圖片提供／吳三連台灣史料基金會

■ 1979 年 10 月 20 日，下午 8 點《美麗島》雜誌社高雄市服務處舉辦成立以來第一次
對外活動，邀請姚嘉文律師主講「民主與法治」。
攝影／陳博文、圖片提供／吳三連台灣史料基金會

所列大小活動如下：

美麗島雜誌社歷次集會簡表

時　間	地　點	集會名稱
九月八日	台北市中泰賓館	美麗島雜誌創刊酒會
九月廿八日	高雄市美麗島茶館	美麗島雜誌社高雄服務處成立茶會

十月二十日　　　高雄市美麗島茶館　　民主與法治演講會

十月廿五日　　　台中市全安飯店　　　美麗島雜誌社台中服務處

　　　　　　　　　　　　　　　　　　成立茶會

十月卅一日　　　高雄市美麗島茶館　　勞工問題座談會

十一月三日　　　台中市台中服務處　　農政座談會

十一月四日　　　高雄市美麗島茶館　　陳菊訪美觀感演講會

十一月七日　　　屏東市　　　　　　　農村毛豬座談會

十一月十二日　　南投鎮國賓戲院　　　美麗島雜誌社南投服務處

　　　　　　　　　　　　　　　　　　成立茶會暨張俊宏就任省

　　　　　　　　　　　　　　　　　　議員二周年晚會

十一月十七日　　高雄市美麗島茶館　　新生代座談會

十一月二十日　　台中市太平國小　　　台中美麗島之夜

十二月一日　　　高雄市美麗島茶館　　省政質詢演講會

十二月八日　　　屏東市仁愛國小　　　美麗島雜誌社屏東服務處

　　　　　　　　　　　　　　　　　　成立、美麗島之夜

十二月十日　　　高雄市　　　　　　　世界人權日大會

■ 1979年12月10日「高雄市人權日」大遊行，姚嘉文舉著火把與施明德站在宣傳車上。
圖片提供 / 中央通訊社

■現場民眾首度看見憲警出動的鎮暴車，而且噴出白色的煙霧，造成衝突的開始。
圖片提供 / 艾琳達

　　「美麗島雜誌社」成立以來，舉辦了許多各種活動。這些活動基本上由縣市服務處舉辦。總社只負責雜誌的編印和發行。

　　「美麗島雜誌社」與以前黨外時期不同，有嚴密的組織，有明確的政治主張，有強力的動員系統。

　　一向壓制人民禁止組黨的蔣氏政權，用盡心機監控及「美麗島雜誌社」，防堵「美麗島運動」，一方面是因其本有「不准有反對黨」既定政策，「美麗島雜誌社」嚴密的組織有類似組黨行動，所以必須阻止。另一方因「美麗島運動」所提的三大主張，「解除戒嚴」涉及軍方的權力喪失，「國會全面改選」涉及老立委、老國大的退職，而「修改憲法」涉及對外省人政權「中華民國」政府形象的挑戰。所以，「中國國民黨」要運用軍方與情治單位的力量，假借「高雄事件」藉口，大量逮捕，進行鎮壓。

　　「中國國民黨」政權為了不願使世人注意到「美麗島運動」的三大主張，在有關文案文書都使用「高雄事件」，強調軍民衝突，不提《美麗島雜誌》及雜誌社的主張。很多研究 1979-1980「美麗島運動」的學者都把焦點及重心放在 1979 年 12 月 10 日發生在高雄市的軍民衝突及以後的軍法審判上，而忽略這項政治運動的時代背景，及「美麗島雜誌社」的政治主張及造成的影響。

　　1979 年 12 月大逮捕之初，官方對事件的正名有所考慮。「中國國民黨」政府進行逮捕，本來是為了鎮壓「美麗島雜誌」的「台獨」主張，但又不便民明講，而當時國內外新聞報導所用的名稱不一，有謂「美麗島暴行」，「高雄美麗島暴行」或「高雄市美麗島雜誌

■ 1979 年 12 月 10 日，高雄美麗島事件出動鎮暴部隊鎮壓，鎮暴部隊在新興分局前。
攝影 / 陳博文、圖片提供 / 吳三連台灣史料基金會

■遊行隊伍由大卡車前導，車上搭設臨時演講台，黃信介在車上演講，另有一台小貨車
作為指揮車。攝影 / 陳博文、圖片提供 / 吳三連台灣史料基金會

暴行」，「中國國民黨」政府認為含義不明顯，易為人誤解，而為了避談「美麗島雜誌」的主張，有關單位建議用「1210暴亂事件」指稱「美麗島案件」，認為「不法之徒行非法勾當，而冠予誘人名詞，混淆視聽且擾亂人心，故若用「1210暴亂事件」可將「美麗島雜誌」排除人們記憶，而免無意中為其義務宣傳。

此種建議幾經討論，並未定案。

據「國家安全局」1979年12月17日內部最速件極機密簽，提到調查局偵訊報告第（五），綜研本案目前偵查工作之重點應為：

1. 迅速就獲案嫌犯陰謀策劃叛亂暴亂犯行，訊明後速審速結，期免社會大眾誤解。

2. 本案處置如不能向民眾說明乃潛匪陰謀及共匪台獨，國內陰謀之結合之真相，勾結黃信介等著手暴動叛亂，其說服力恐較弱。依據調查局偵獲之洪誌良案（洪犯供証黃信介參予其潛赴匪區，唧匪命回台進行叛亂）。陳永善案（陳犯親書有利用國內陰謀份子，進行顛覆文件，並已接辦政治犯俱樂部），應可明顯証明陰謀份子與匪勾結顛覆政府之不法實情，調查局應綜合研析。另在日叛國份子黃有仁派日人多喜參次郎來台交付陳菊金錢，交付田朝明名單乙事，亦應併案處理，使本案能徹底偵破，期人民認清陰謀份子實乃共匪及海外叛國集團在國內之內應。

「台灣警備總司令部」及「調查局」等情治單位不但在「美麗島雜誌社」總社及各地分社（服務處）安插人員監視、旁聽、抄寫或偷取文件，甚至鼓動及操縱會議，以達到監控及運用的目的。

　　這些人員在清治單位的存卷記錄，有稱「工作人員」，多稱「工作關係」，或「運用人員」，而真實姓名或代號均被塗沒不見，但派在施明德身邊操控高雄人權日活動的徐春泰，則為已知人物。

■ 台灣警備總部蒐證的相片檔案，1979 年 12 月 11 日凌晨 12 點 10 分，南警部副司令張墨林和施明德、姚嘉文到高雄市新興警察分局談判，徐春泰（右一）、何文振（右二），此照片在 2003 年美麗島事件文獻展展出。圖片提供 / 國家發展委員會檔案管理局

「國家安全局」在看到「調查局」1979 年 12 月 17 日的偵查報告中提到施明德的助理徐春泰，在高雄人權日活動的規劃參與很多工作。報告中說：

　　徐春泰一名調查局表示係該局內線，認為尚無到案必要（案：徐某列案偵辦已經奉核定，似仍以依法拘訊，完成法定手續，並利用以作臥底，及查明其是否向我為宜）。

　　又擬辦意見中提到：

　　徐春泰一名，請調查局依法拘訊，查明確屬忠貞後運用於臥底，偵查以後另案處理。

死刑大審淚震憾

審判訊問不談政治問題，不使法庭變為政見發表會。

---- 「1210(安和專案)」《結案檢討》」「警總」軍法處《審理資料；審理之方式》

法庭永遠是反抗者的戰場。

---- 吳乃德教授《台灣最好的時刻》P.151

一場死刑大審震撼全台，「叛亂犯」自白讓法庭現場全掉淚。

---- 《風傳媒》座談會採訪 2020-03-15 記者謝孟穎

■ 1980 年 3 月 18 日，《美麗島》軍法大審在景美第一法庭開庭，姚嘉文步入法庭。
攝影 / 周嘉華

(1)

1980 年（民國 69 年）3 月 18 日，上午 9 時。

虎視耽耽，蓄勢待發的「台灣警備總司令部」軍法處軍事「第一法庭」終於再度使用，隆重開庭了。

這個計畫用來鎮壓台灣本土勢力及「台獨」主張的軍事法庭終於要發揮它的功能了。

這一日，這個被「台灣警備總司令部」編為中華民國 (69) 年初特字第 002 號的「黃信介等叛亂」案件要在軍事「第一法庭」展開所謂公開審判了。

此前三年，1977 年，在軍法學校籃球場匆促蓋成的新法庭，終於要再發揮鎮壓「台獨運動」發展的作用了！

這一天要審判的這個案件是轟動世界的「美麗島雜誌叛亂案」

「中國國民黨」黨政軍特上下非常緊張，海內外台灣人也非常緊張。

「台灣警備總司令部」非常緊張、非常小心、非常謹慎。

偵辦審理案件的各方人員對審判程序不斷排練研究，以求達到預定的宣傳效果。

「台灣警備總司令部」起訴書主要這樣寫：

姚嘉文早年受叛國分子彭明敏（本部以叛亂罪通緝有案），張俊宏、林義雄早年受叛國分子張金策（偽「台灣獨立聯盟」主要分子）

■國外媒體報導 1980 年《美麗
島軍法大審》，美國人權工
作者梅心怡將資訊傳給世界
各國人權組織，救援美麗島
受難人工作，讓「美麗島事
件」成為國際矚目議題。
圖片提供／艾琳達

等人蠱惑，均具叛國意識，彼此於民國六十七年起，相互勾結，意圖
以非法方法顛覆政府。

　　六十八年三、四月間，黃信介為從事顛覆活動，指示施明德、姚
嘉文，林義雄、張俊宏及許信良（另案辦理）等五人（即被告等自稱
之五人小組），研商實施顛覆政府步驟。五人小組受命後，在姚嘉文，
張俊宏、許信良住宅數度共同謀議，研擬「長程與短程奪權計畫」作
為進行顛覆之步驟。

起訴書對被告等人的政治思想及政治主張，避而不談，更不提及被告再三「供認」的「台獨主張」，把重點放在「高雄事件」。

「中國國民黨」政權的官方檔案，不把這次全球注目的案件，稱為「美麗島事件」，避開提及「美麗島雜誌社」團體的政治主張，以致大部分研究 1980 年「美麗島案件」大審的人都把焦點重心放在高雄活動及衝突上，不去考究 1970-1980 年代台灣國內外政治情勢的變化及台灣人民政治訴求的提昇。

這是因為受到「中國國民黨」政權誤導，只注意到軍民衝突及第一法庭的審判及判決。

因為「台灣警備總司令部」軍法處想迴避《美麗島雜誌》團體的主張，不提黨外人士所提的「台灣獨立」主張的內容，想把審判的焦點放在軍民衝突的暴力行為。雖然美國國務院已經表示，高雄軍民衝突事件不屬於軍法審判範圍，不應由軍事法庭審判，社會各界也有不少人認為高雄軍民衝突事件無關叛亂，但軍法處既然不願以黨外人士主張「台獨」做為叛亂罪名，只好用高雄軍民衝突事件當作叛亂罪名進行審判，只留 8 位被告在軍事法庭，其他數十位被捕人員交由一般司法法院以一般刑事罪名起訴審判。

據外交部檔案記錄，1979 年 12 月 14 日外交部收到駐美國辦事處急電：

丁大衛（AIT 理事長）表示：「美國在台協會」駐台北辦事處報告我（指台灣）已逮捕 14 名肇事人士，惟未援用諸如妨害治安等輕罪而將逕以叛亂罪（sedition）法辦，渠（指丁大衛理事長）認為此舉

■台灣民主運動海外同盟《快訊》
陸續出版了許多期救援美麗島事
件報導，主要目的就是傳遞台灣
島內民主運動發展的訊息給海外
同鄉。圖片提供 / 艾琳達

或將使此事件之發展益趨嚴重，殆恐招致此間有關分歧份子之強烈反
應，據悉渠等已向國會議員積極進行遊說活動。

　　1980年2月21日下午兩點半，調我出庭，五個軍法官（劉岳平、
徐文開、傅國光、鄭國奇、楊俊雄）都在庭，與調查黃信介時只有一
位軍法官在庭不同。以後調查張俊宏、林義雄、林弘宣、呂秀蓮也都
五個軍法官在庭。2月23日上午九時調查陳菊，十時調查施明德時，
只有劉岳平一個審判長在庭。不知道為甚麼。

　　到2月28日調查證人邱垂貞、陳瑞慶、陳福來才有被告聘用的
律師到庭。2月29日調查證人王拓、劉華明、余阿興又沒有被告聘

用的律師到庭。3月7日上午調查洪誌良證人，下午調查證人楊豐榮時，又有被告聘用的律師到庭。前後情形不同，不知道理何在。

「1210安和專案」新聞組結案檢討炫耀辦案成績，說：

本專案偵辦之初，從外表觀察，僅係群眾性之暴力事件，由於上級之正確政策指導，辦案人員旺盛之工作精神，僅憑洪誌良、多喜彥次郎二人有限之證據，予以有效運用，細密追訊，終使黃信介供承：確藉洪誌良與匪勾搭，利用「美麗島雜誌社」掩護其推翻政府之目的，由於突破此一案情關鍵，而使「美麗島」集團分子不法活動之陰謀，真相大白，奠定全案法辦之基礎。

但也在缺點上承認：

公開審判被利用為宣傳工具：對公開審判情形詳實報導之政策至為正確，惟被各案犯及辯護律師利用，有計劃的於法庭歪取事實，藉機宣傳，企圖汙染社會良心，博取同情，製造困擾。

對「中國國民黨」這個外省人少數政權來講，軍事「第一法庭」的這場審判，是保衛政權的重要戰役；是壓制「台獨」思想，消滅台獨人士的重大策略。對「台灣警備總司令部」而言，是戒嚴令能否繼續存在，執行戒嚴令機關能否不被裁撤的關鍵行動。

對台灣人民而言，台灣民主運動能否繼續推動，目前以溫和變法路線進行的台獨運動是能證明有效，還是要改用其他暴烈的手段，甚至前途無望，只有等待另一個新的外來政權來統治？

20年以後的2000年，同樣是3月8日，台灣在辦理總統直接

選舉，以本土「土著」人士主導，以主張「台灣獨立建國」的「民主進步黨」贏得選舉。「打擊台灣獨立」不再是台灣政府的國家政策。

僅僅 20 年，軍事「第一法庭」所要鎮壓所要消滅「台獨」主張，不僅沒有被鎮壓被消滅，反而成為台灣的主流主張。

當初設計這個法庭的情治首長的希望落空了。

這些事在這個法庭在這次審判中已經散發出徵兆了。

從以後幾年政治發展的方向來看，這個以鎮壓「台灣獨立」主張而設立的軍事「第一法庭」並沒有發揮它原來想發揮的功能。

(2)

1980 年 9 月 9 日，「台灣警備總司令部」 將「美麗島案件」「1210(安和專案)」的《結案檢討資料》函報「國家安全局」及「國防部」。其中軍法處承辦的「法辦組檢討報告」（第 158 頁）的「審理之方式與訊問原則」記載案件審理「不談政治問題，不使法庭變為政見發表會。」

承辦軍事「第一法庭」審判重責的軍法處，最怕的是被告在法庭暢談政治問題，如果在封閉不開放的審判庭，審判長會阻止被告發言，但在像「美麗島案件」有稍微公開旁聽的案件，被告及辯護律師在法庭暢談政治問題，情形就不同了。

「美麗島案件」是政治案件，政治案件怎麼可以不談政治問題呢？

進行和平抗爭運動的人都知道，法庭抗爭和街頭抗爭一樣重要。當你被捕送到法庭時，社會的關注度不比街頭抗爭少。民主運動人士不僅不應畏懼坐牢或怕犧牲生命而有所妥協，反而應利用這寶貴機會，將運動的理念公開表明。

「美麗島案件」的審判，是一個機會，何況這是一個有比較公開的審判。

這樣的審判，怎麼能不把它變為政見發表會呢？

案件偵辦人員相信各被告都已被說服，開庭時會與他們合作，認罪求饒，無人會在法庭審判中堅持黨外的理念，也相信辯護律師不會為被告作政治辯護。因此，「中國國民黨」蔣經國等決策當局，在各種壓力之下，同意擴大旁聽及媒體報導，他們相信這次公開審判會發生很好的宣傳效果。

軍方擔心審理過程談政治問題，其實被告及辯護人方面對談政治問題，也有其困難。

台灣的三大政治問題，是「戒嚴」、「國會」及「憲法」。

「中國國民黨」政府，蔣氏政權企圖用「戒嚴」來捍衛對台灣人民不公正的「國會」及不合時宜的「憲法」。在法庭爭論這些題目，是黨外人士的專長，「中國國民黨」方面的理論只能依賴戒嚴令強制壓迫人民接受，不敢反駁爭論。軍方人員在法庭能夠提出的幼稚膚淺的論述畢竟是不堪一擊的。但是，在這種法庭，爭論目前敏感的政治議題，是否必要，是否適當，也要考慮。

■ 1980 年 3 月，左起美麗島辯護律師團李勝雄、張俊雄、蘇貞昌、謝長廷，姚嘉文告訴蘇貞昌：「這不是審判我，是在審判台灣的黨外」。圖片提供 / 中央通訊社

　　我在辯護律師接見的時候，跟他們提過這次辯護的方向。我與蘇貞昌律師都看過二戰後的《紐倫堡大審判》及《東京大審判》的資料及電影，知道甚麼是政治案件，怎麼去辯護政治案件。

　　但台灣仍在戒嚴時期，一般律師沒有處理軍事法庭案件的經驗，或者說，一般律師都不想接辦軍事法庭案件。而且，政治問題是禁忌議題，除了黨外政治人物外，一般人都避談這種議題。一般律師不會去研究戒嚴法令及軍法判例，也不多探討台灣的政治問題。

　　被告們身在牢中，面臨軍法重判，也不便多談政治問題。偵辦人員，語帶恐嚇的安慰與建議，各人雖沒有接受他們的暗示，不會在庭

上表示懺悔與求饒，但也不想去說太多的「政治議題」

我有稍稍建議我的兩位辯護人要思考從三方面去辯護：

政治辯護

憲法辯護

司法辯護

所謂「政治辯護」，指挑戰「中華民國」政府以「大中國政府」自居的立場。「政治辯護」是指責軍事當局對任何挑戰「大中國政府」立場，主張以實際統治的台澎金馬領土範圍進行政治改革，課以「分裂國土」或「台灣獨立」罪名，是沒有道理的。

■ 1980 年台灣作家陳若曦（左一）與姚嘉文的妻子周清玉（中）、美麗島辯護律師謝長廷（右一）合影。圖片提供／周清玉

■ 1980 年 3 月 18 日，《美麗島》軍法大審在景美第一法庭開庭，姚嘉文的妻子周清玉
與美麗島辯護律師團準備步入法庭。攝影 / 周嘉華

　　所謂「憲法辯護」，指憲法雖賦予國家元首宣佈戒嚴的權限，但
有一定限制，只有當國家處於戰爭或社會動亂時才可以宣佈，無這種
情況應即宣告解嚴，平時不能用戒嚴令限制人民的自由民主。台灣長
期施行戒嚴，違背憲法。

　　所謂「司法辯護」，指起訴書所列有關事實，或無證據，或證據
不實，不能採信，以及起訴書引用法條錯誤，或法條解釋不當。

　　軍事法庭長官既下令不談政治問題，審判長指揮訴訟只能聚焦在
司法辯護議題。被告不便大談政治主張，只有在最後陳述中，稍為提
一些政治主張。

(3)

終於要開庭了。

這天一早，「台灣警備總司令部」的這間軍事「第一法庭」內擠滿了人。「美麗島案件」的被告還沒有到庭，庭內先到的辯護律師、被告的家人、偽裝為一般民眾的憲兵、情治單位的幹員以及「台灣警備總司令部」認為安全可靠，特別邀請的教授及社會人士，紛紛到來坐到指定的旁聽席座位。各家媒體的記者則擠在法庭門外，等待被告到來。

這個台灣國內外的叛亂案件，未演先轟動，甚至國外學者媒體也來。國際特赦組職（ AI, Amnesty International ）派專員旁聽。來自美國加州史丹佛大學（ Stanford University），和我熟悉的法學教授 Prof. Kaplan 也專程到來申請旁聽。他回美國後，寫了一本小書，報告他的見聞及感想，到處分發。

軍事「第一法庭」在這以前已經開了幾次的調查庭。

2 月 21 日上午訊問被告黃信介，下午訊問被告姚嘉文。

2 月 22 日上午分別訊問被告張俊宏及林義雄，下午分別訊問被告林弘宣及呂秀蓮。

2 月 23 日上午分別訊問陳菊及施明德。

2 月 28 日上午訊問證人邱垂貞，下午訊問證人陳瑞慶及陳福來。

2 月 29 日下午訊問證人王拓、劉華明及余阿興。

3 月 7 日上午訊問證人洪誌良，下午訊問證人楊豐榮。

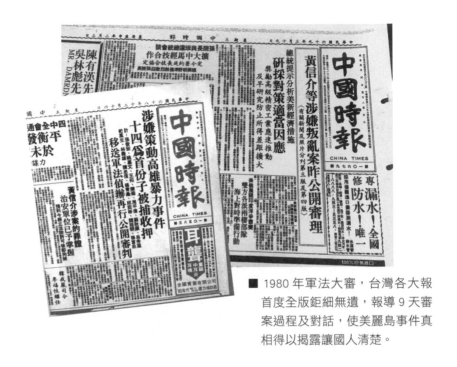

■ 1980 年軍法大審，台灣各大報
　首度全版鉅細無遺，報導 9 天審
　案過程及對話，使美麗島事件真
　相得以揭露讓國人清楚。

(4)

　　「中國國民黨」蔣氏政府千方百計要阻止台灣本土勢力的壯大，甚至要完全消滅本土勢力，把審判「美麗島案件」當作目前最重要的捍衛政權的工作，也是設立「安康接待室」和軍事「第一法庭」後，最關鍵性的審判案件。所以這次審判每個細節都精心設計，審判進程、旁聽席位、庭內監視系統及錄影設備，庭外戒備，以及事先媒體的宣導，每項都沒有疏忽。

　　開庭在即，長官認真檢視庭內外各部位各角落。在評議室監視人員都到位了，長官指派來指導及監視審判過程的耿雲卿博士也就位了。

法庭最熱鬧的要算旁聽席了。

1980年三月「美麗島案件」審判前，很多單位提出申請旁聽，據軍方案卷記載，當年申請登記的清冊名單如下：

國際人士　　　　　　6員　　（美國在台協會2員）、

　　　　　　　　　　　　　　（長老會世界聯盟1員）

國際特赦組織　　　　1員

美國紐約人權聯盟　　1員

全美自由中國委員會　1員

民意代表　　　　　　9員　　（立委3員、監委1員、國代2員）、

　　　　　　　　　　　　　　（省議員1員、北市議員1員）、

　　　　　　　　　　　　　　（高市議員1員）

人民團體　　　　　　9員　　（北美事務協調委員會　1員）

　　　　　　　　　　　　　　（世界軍會中華民國分會1員）

　　　　　　　　　　　　　　（中國人權協會　　　3員）

　　　　　　　　　　　　　　（中央黨部社會工作會　2員）

　　　　　　　　　　　　　　（中央黨部組織工作會　1員）

　　　　　　　　　　　　　　（台灣基督長老教會總會1員）

個　　人　　　　　　11員

機　　關　　　　　9員　　（軍法局3員、調查局2員、

保安處3員、安全局1員）

輔 佐 人　　　　　16員　　（每一被告輔佐人二人）

記　　者　　　　　60員　自立晚報、大華晚報、民族晚報、民
眾日報、軍中廣播電台、英文中國日報、中國晚報、香港時報、台灣
廣播公司、香港萬人日報、中華日報南部版、美國國家廣播公司、日
本內外通訊社、華爾街日報、產經新聞、紐約時報、青年戰士報、新
聞週刊、美國廣播公司、紐約費爾特資料社、泛亞社、台灣電視公司、
中國電視公司、鳳鳴廣播公司、更生日報、中華電視台、路透社、哥
倫比亞廣播公司、美聯社、聯合報、時代雜誌、香港工商日報、自強
日報、英文中國郵報、法新社、台灣新聞報、商工日報、中國廣播公
司、台灣民眾日報、工商時報、合眾國際社、美國世界日報、馬克勞
世界新聞、自由中國評論、正聲廣播公司、中央通訊社、香港軍僑日
報、民生報、警察廣播電台、台灣時報、中央日報、中國時報、中華
日報、軍事新聞通訊社、台灣新生報、台灣日報、東方日報、遠東經
濟評論、中央日報海外版。

　　申請的單位這麼多，表示台灣社會非常關心這個案件。由於席位
有限，「台灣警備總司令部」軍法處曾就各機關、個人申請旁聽證情
形，提出計畫簽請核示：

　　審理黃信介等判亂一案，本處欲置旁聽席六十位，其中包括每一
被告家屬二位，共十六位，社會人士及各機關申請共四十四位，除已
奉核三位外，尚餘四十一位，擬分配如下名單：

外　籍	美國在台協會	2員（外交部轉發）
	長老教會世界聯盟	1員（中央黨部蔣秘書長函告）
	國際赦免協會（AI）	1員（中央黨部蔣秘書長函告）
機　關	外交部	1員（北美司章副司長）
	立法院	2員（司法委員會李公權及張淑真）
	中央委員會社工會	2員
	中央委員會組工會	1員
	三軍大學	1員（張武奇上校代表中華戰略學會）
	國防部軍法局	3員
人民團體	中國人權學會	3員（陶百川及法律諮詢委員）
世界國際筆會中華民國總會		1員（姚朋「彭歌」）
台灣長老教會總會		1員（該會為林弘宣涉案，
		（原申請 3-5 名，擬准一員）
個　人	卜	1員
	丁	1員
被告家屬		16員（每一被告擬准家屬二人旁聽）
情治單位	調查局	2員（作為控制法庭之用）
	保安處	3員（作為控制法庭之用）

憲　兵	14員（便衣安全）
本部 軍法處	4員 （保留運用）
合　計	60員

　　記者席及旁聽席問題最為複雜。每次重要案件的審判，為了旁聽席的安排軍方都會細心規劃，除了被告家屬、特定媒體、某些個人以外，都安排大量人數的軍憲及情治單位便衣人員佔位充門面，及維持秩序。

　　前一年，1979年三月「余登發父子案件」審判時，是軍事「第一法庭」設立後，第一件政治性質濃厚的案件，是這個法庭設立本意所要辦理的案子，要對外公開，要廣為宣傳，但雖有足夠空間，可以供五六十位民眾旁聽，但仍只做稍微對公開。

　　那個案子審判時，有兩位被告，三位辯護律師，空間足夠，但旁聽席只設五十席。這五十席分配余家親屬六人，軍法處保留運用之人數多達卅人（憲兵連十員、看守所十員、處部十員），另請保安處支援便衣十人，只預留四席提供一般民眾（社會人士）申請，排隊登記，發給旁聽證。表面上審判公開，只是形式。

　　「台灣警備總司令部」軍法處為免貽人口實，對外表示民眾均可排隊申請旁聽，事實上一般民眾跟本沒有機會取得旁聽證。各單位派員到法庭內工作的，會穿上便衣，扮做一般民眾，也都會至軍法處會

客室排隊登記請領旁聽證。那四席提供一般民眾（社會人士）申請的，也是安排好的特殊人士，一般人民跟本沒有機會到庭旁聽。

（5）

快到九點時，「美麗島雜誌叛亂案」的八位被告陸陸續續帶到入庭。

我是八位被告之一，另外七位是：黃信介、施明德、張俊宏、林義雄、林弘宣、呂秀蓮、陳菊。

林義雄因「林宅血案」交保在外，這天沒有到庭。

被告選任的 15 位律師都到庭就座。

他們是：鄭慶隆律師、陳水扁律師、尤清律師、鄭勝助律師、謝長廷律師、蘇貞昌律師、郭吉仁律師、張政雄律師、江鵬堅律師、張俊雄律師、李勝雄律師、呂傳勝律師、鄭冠禮律師、高瑞錚律師、張火源律師。

坐在審判庭上的審判軍法官是：劉岳平（審判長）、徐文開、傅國光、郭同奇、楊俊雄。

蒞庭的軍事檢察官是：列名起訴書的蔡籐雄，及臨時加派的林輝煌。

軍事書記官是：張維英及加派的另一位書記官。

軍事檢察官蔡籐雄自認無法對抗被告所委任的 15 位律師，所以

■ 1980 年 3 月 18 日，國民
黨軍法大審「高雄美麗島
事件」主要八名被告，地
點在台北市景美區台灣警
備總司令部軍法處第一法
庭公開審判，左起張俊宏、
黃信介、陳菊、姚嘉文、
施明德、呂秀蓮、林弘宣
七名被告，林義雄家發生
家門慘案，未能出席。
圖片提供 / 中央通訊社

請軍法處簽准加派預備軍官軍事檢察官林輝煌蒞庭。

審判開始，軍事檢察官是蔡籐雄用生硬的，帶有本土腔調的華語，宣讀起訴書。他說：

……五人小組數度共同謀議，研擬「長程與短程奪權計畫」作為進行顛覆之步驟以合法掩護非法，假借爭人權、爭民主、爭自由等口號，發表偏激言論，詆譭政府，分化團結，並故意滋事，製造衝突事件……。

蔡軍事檢察官停了一下，眼睛離開手上的卷宗，抬頭畏怯地看了各被告一眼，沒有去看旁聽席，又低頭去唸，談到高雄事件：

……十二月十日下午六時十分，服務處門前，已聚集暴徒約二百餘人，各持火把，準備出發。旋施明德用擴音器指揮出發，暴徒由黃信介為首帶隊，陳菊、張俊宏、林弘宣、呂秀蓮等，各持火把，身披三色彩帶或臂章及紅布名條，沿中山一路向新興分局前大圓環方向前進。行至新興分局前，黃信介、姚嘉文、施明德、張俊宏等人，相繼上台發表演講，煽惑民眾附和，鼓勵暴徒衝破憲警封鎖線。稍後施、姚等人進入新興分局，向南警部副司令張墨林少將、高雄市政府警察局督察長黃其崑等，要求准許圍觀群眾參加聽講遊行，以圖裹脅群眾，要脅警方，未能得逞。

軍事檢察官蔡藤雄，抬頭看看大家，看看沒有人在聽，因為有關內容早已見報，內容充滿空洞語言，枯燥無趣，蔡軍事檢察官宣讀聲調平淡無味，被告及旁聽者乏人欣賞。

蔡軍事檢察官偏頭看看陪伴的林輝煌預備軍官。林預備軍官沒有表情，沒有回應。蔡軍事檢察官吐了一口氣，翻翻卷宗，用力唸了下去，結束工作：

……核被告等所為，顯已觸犯懲治叛亂條例第二條第一項意圖以非法之方法顛覆政府而著手實行，及陸海空軍刑法第七十二條多眾集合為暴行脅迫、刑法第一百卅六條公然聚眾對公務員依法執行職務時施強暴脅迫、第一百五十條公然聚眾施強暴脅迫等罪嫌。惟查被告等所犯強暴脅迫各罪，及其所犯叛亂罪之方法行為，具有牽連關係，依法應從一重之叛亂罪處斷。被告所有財產，除各酌留其家屬必需生活費外，及被告等共犯罪所用之物（如扣押清冊），均請依法沒收。

蔡軍事檢察官唸完，本來要坐下，突然又想到甚麼，再唸一段：

再查被告黃信介等或因觀念錯誤或因受叛國分子蠱惑，致有非法顛覆政府之叛亂行為，因而觸犯重典，到案後，尚能自承犯行，知所悔悟，並請依法酌予減處其刑，以示矜恤。

所謂「酌予減處其刑」，內行人一看就知道可以不判死刑。

雖然軍事檢察官在起訴書建議「酌予減處其刑」，但軍事法庭如何判決仍難判斷，不過既然起訴書這樣寫了，必然是決策方面有指示，軍事檢察官才敢這樣寫。

本案發生之初，社會沸沸騰騰，傳說會判死刑，保守人士呼籲政府從重判刑，沒有死刑也要無期徒刑。親「中國國民黨」的旅外學者邱宏達博士寫信給蔣經國，建議不可將美麗島案被告判處死刑，他說

「台獨」人士正在尋找烈士，如有判死刑，則中其計。

雖然「中國國民黨」政權運作「美麗島事件」是在打擊及制止「台獨主張」，但亦知道黨外人士所主張的「台獨」，已是台灣社會普遍接受的想法，如果把黨外人士所主張的「台獨」寫在起訴書公開社會，就達不到醜化被告的目的，不但像沈秘書長（國安會秘書長沈昌煥）所說「不具違法性」，反而替黨外人士宣傳主張，有對「中國國民黨」政權產生不利的影響。

「美麗島雜誌叛亂案」原本是要鎮壓打擊「台獨」思想、「台獨」主張、與「台獨」運動，起訴書避免提到「台灣獨立」的政治問題，所以最初的罪名及宣傳都用「暴動」、「暴力」或「暴亂」。

在我初次出庭的第一天，庭內被告欄柵前，擺了一大堆據說是從高雄活動現場收集大器物（見黃信介等叛亂嫌疑案請依法宣告沒收物清冊），包括：

木棍 一一八支

竹棍 廿二支

火把 四三支

破裂火把 六捆

鋼筋 四支

柴油 一桶

點火用草紙 一捆

擴音器　八具

擴音喇叭　十五只（大型五只、中型七只、手提式三只）

麥克風　五支

紅花名條　十五條

紅色姓名布條　廿六條

三色布彩帶　七條

審判長指著這些「證物」，說這些是你們在高雄施暴的工具嗎？

因為最後起訴的罪名是「企圖推翻政府」，所以我就冷笑著回說：

「你是說我們在用這些東西要推翻這個政府嗎？」

■軍法大審「高雄美麗島事件」，用麥克風、木棍等證物，指控黨外人士要用這些東西
推翻政府。圖片提供／中央通訊社

我聽到律師席及旁聽席有不少人笑出聲來。

我提醒軍法庭此處進行的案件是「叛亂」案件，不是高雄軍民衝突案件。當軍事法庭審判長問我有沒有收到起訴書，對起訴書的內容了解嗎，知道了嗎，我回答說，收是有收到，但我看不懂。

我說起訴書要寫被告犯罪事實、犯罪罪名及犯罪證據，但這份起訴書只寫犯罪罪名，犯罪事實部分非常空洞，不知所云，犯罪証據部分大多在談高雄軍民衝突，與「叛亂」無關。我要求軍事檢察官把話說清楚。

■美國人權工作者梅心怡在日本大阪將軍法大審消息，傳遞給國際人權組織。
圖片提供 / 艾琳達

第二次開庭，法庭內的那些「證物」，已經拿走清除。在開庭後，軍事法庭審判長劉岳平上校來到我關押的 38 號押房，站在押房門口與我說話。

他希望我開庭時要多多配合，不要多爭論，他說：

你開庭時，多與軍法庭配合。多配合，就不會照起訴書那樣判！

起訴書起訴的是懲治叛亂條例第二條第一項（俗稱二條一）唯一死刑的罪名。軍事法庭劉審判長的意思是只要我開庭時多配合，就不會判死刑，但我已知道起訴書已經說酌予減處其刑，我問他案件怎麼判，又不是你在決定，你要我配合，你能答應甚麼？劉軍法官回答說：

我可以幫你說話啊！

臨走前，他又說：

姚律師，我很佩服你的，我讀過你那本《法院組織法》的！

軍事檢察官蔡藤雄上校不久也來找我，應該也是奉命而來。他要我開庭時不要罵他，不要指責他。我說你胡亂起訴我死刑案件，起訴書黑白寫，我不罵你罵誰？

他覺得很委屈，他說我一個小小的上校，那有權勢去起訴您們？您們是立法委員，是省議員，是大律師，是大學教授，我小小的一個上校那有辦法起訴您們？

我提醒他，人家叫你一個台灣人上校起訴我們，然後，由一個外省籍上校當審判長審判我們，這甚麼意義你不懂嗎？

這位可憐的檢察官沒有回答，我又說：

你寫起訴書要寫好一點。我們的起訴書內容既不符合法律規定，用語又參差不齊，邏輯前後不合。真是好笑。

蔡藤雄很委屈地說：

起訴書又不是我寫的……上面長官這個要填幾個字，那個要改幾個字，用字當然不順，邏輯當然不連貫。

我在被押偵訊時，偵辦人員的焦點，放在「台灣獨立」議題上，訊問我的政治主張，與海外「台獨」人士的交往，讀過的「台獨」書籍，我著作中的「台獨」思想，不很著眼太多在高雄所謂衝突事件的暴力上。

以後知道外面排山倒海的宣傳，是高雄與軍憲衝突的暴力罪行。但是後來我接到的起訴書，既不強調高雄的所謂衝突事件的暴力上，也不注重在「台灣獨立」的言行上，我不是很清楚他的原因。

以後我在寫《姚嘉文追夢記》一書時，到「國家檔案局」索取美麗島案有關資料時，發現有這個電報：

外交部 1979 年 12 月 14 日收到駐美國辦事處急電：

------(2) 丁大衛（AIT 理事長）表示：美國在台協會駐台北辦事處報告我（指台灣）已逮捕 14 名肇事人士，惟未援用諸如妨害治安等輕罪而將逕以叛亂罪（sedition）法辦，渠（指丁大衛理事長）認為此舉或將使此事件之發展益趨嚴重，殆恐招致此間有關分歧份子之強烈反應，據悉渠等已向國會議員積極進行遊說活動。

1979 年 12 月 20 日（開始逮捕的第七天），該處發電回外交部轉達美國國務院意見，並提及辦事處安全問題：

謹將本處秘書組全體同仁與國務院台灣協調小組人員十九日餐敘談話要點如後：

美方認為處理美麗島事件，希望我方懲罰肇事之偏激份子，對反對溫和人士保持溝通，懲罰方式如以暴亂，破壞社會秩序為由科以應得之罪，遠較叛亂罪更令人信服。似不宜採用軍法，而促成溫和份子與偏激份子合流。

美國國務院的見解，其實也是國內外稍有法律觀念的人士的看法。「中國國民黨」政府 及「台灣警備總司令部」要鎮壓「台獨」主張，卻不敢明目張膽的用「台獨」罪名抓人起訴，想用軍民衝突的暴力罪名宣傳，又要在軍事法庭審判，因此碰到困難。

另外，具國史館編印的《美麗島事件史料彙編》記載：

外交部駐美國辦事處 1980 年 4 月 5 日電：

駐美辦事處人員四月五日邀譚慎格（John J. Tkacik, Jr.，美國務院主管台灣事務之軍政事務官）餐敘，談話要點為：

關於軍法審訊黃信介八人事，譚氏謂已收到 AIT 駐台北觀察之報告，譚氏個人認為此案審理足以顯示我司法及軍法開明、公正。惟渠始終堅信疑犯口供所述係代表大多數台籍人士參與政治之心願，似難構成叛亂罪。至於使用暴力乙節，則似應以毆打軍警，妨害公務論處。若判刑過於嚴峻，國會議員中或將有人以人權為由提出重新檢討

美對我之軍售政策。

這些言論及立場應該是影響「中國國民黨」政權及軍方修正立場，不再提暴力事件的重要因素。美方等於提醒他們用「妨害治安」的暴力罪名起訴，權責不在軍事法庭，應由一般法院起訴審判。「台灣警備司令部」不肯放棄偵辦「美麗島雜誌案」的機會，只好另找別的罪名了。

但是還是不用「主張台灣獨立」或「推動台灣獨立運動」做為起訴的罪名。

1979 年 12 月 20 日司法行政部「調查局」函報「國家安全局」的 《一二一〇 專案偵訊工作指導綱要》提出偵訊工作(1) 先求偵辦暴亂部分基礎之穩固 . (2) 續求叛亂部分追訊落實。

工作確定重點對象計劃：

A 共匪部分：以黃信介、蘇慶黎、王拓、陳忠信為偵訊重點。

B 台獨部分：以姚嘉文、林義雄、陳 菊、張俊宏、呂秀蓮、張富忠、魏廷朝為偵訊重點。

但因找不到適當的證據，又不便以主張「台獨」的罪名起訴，偵辦人員為尋找「叛亂」罪證，煞費苦心。

有一天，負責偵辦我的案件，調查局的鄭明順主任，拿來兩本「美麗島雜誌」，翻閱我在雜誌上寫過兩篇文章。一篇是「愛國論」，一篇是「叛國論」。我在文章中指責當時「台灣警備總司令部」運用所謂反共義士，常常呼喊「愛國有罪嗎？」口號，毆打黨外人，自命

那是愛國行為；另一方面，軍事法庭對異議人士，濫用「叛國」罪名判刑。我在那兩篇文章內舉例澄清「愛國」「叛國」的正確觀念。

鄭明順主任一邊翻看雜誌，一邊冷笑著對我說：

呵……你在寫甚麼「愛國」「叛國」，我倒要看看你寫了甚麼，看看你怎麼寫「愛國」「叛國」！

他一邊翻雜誌，一邊很不屑地又說：

你們在搞叛亂行為，竟然天真的想寫文章先為叛亂辯護……呵！

我在一邊苦等，他既不叫我寫自白書，也不問我話，只在看雜誌文章，想找甚麼句子出來證明我有叛亂思想。

過了很久，他大概看完文章，起身帶走雜誌，沒有講一句話，就離開偵訊桌。

有一次，監視我的兩個調查員中有一個離開，留下的一個找我聊天。

通常調查局派有兩個調查員照顧我的生活，安排三餐，提供飲料水果。沒在偵訊問話時，他們就用盡辦法，找我講話，勸我抽菸，問我要不要喝咖啡，要不要吃水果，要保持我坐在藤椅上沒有在睡覺。

這個調查員開始發牢騷，說他們在局內不是辦政治案件，工作很忙，這次被調來協助辦案，實在很倒楣。他說：

他們辦政治案件的會忙，我們辦社會案件的就不忙嗎？把我們

找來這裡做這些甚麼事⋯⋯

他說，「台灣警備總司令部」找他們來，在做勤前簡報時，說你們「美麗島雜社」這些人，都是共匪的同路人，家中藏有武器，有共產黨的旗幟、制服、傳單，非常可惡，讓他們很憤慨。他很生氣的說：

但是去搜查時，你們家甚麼都沒有！根本在騙人！

我問了他服務的調查站，他說是彰化縣調查站，但不告訴我他的姓名。幾年後，我出獄回彰化，一個地方朋友告訴我，一個退休的局員提過在「安坑招待所」曾經陪過我，於是安排見面，談了一些當年的事。談到當年林義雄家的凶殺案，他說那件事是黨外的自己人下手的。我說不是這樣。他說他們長官說的。長官說林義雄在被偵訊時，洩漏了黨外的秘密，所以黨外派人殺掉他的家人。這樣荒唐的說法，而他說他是相信的。

(6)

這次「軍法處」無可奈何的要將高雄市軍憲與民眾衝突事件連結到叛亂罪，又要放棄他們最愛最熟悉的主張「台灣獨立」罪名，的確很無奈。

我在新店暗坑「安康接待所」被偵訊時，就發現調查局偵辦人員有遲疑徬徨的態度，只是不知道為了甚麼。不斷前來探視的軍方人員則毫不掩飾他們在乎的不是軍憲被打的事件，而是台灣日漸高漲的「台獨」思想。

一位警總軍官很神氣地問我，你知道我們抓了多少人嗎？我說我不知道。他說你猜猜看，你猜康寧祥有沒有抓進來，猜誰有沒有被抓進來。我說不知道猜不到。他很得意地說：

通通抓進來了……台灣再沒有黨外了，再沒有甚麼黨外了！哈哈！

一個中等軍官來訪，不斷指責台灣人的無知，竟在主張「台灣獨立」，不自量力，想和外省人爭政治權力。他說：

我們是中華民國，不是台灣國。我們的領土，包括整個大陸，不只台澎金馬。你們要求在台澎金馬選舉國會議員，組織新國會，這就是「台獨」，就是分裂國土，就是叛亂，就是要槍斃，……

他又說：

其實，根據我們的情報，共匪政權在五年內就會崩潰，我們就會回去大陸。我們回去以後，你們在台灣要怎麼搞，你們去搞，台灣太小，我們沒興趣。現在……現在，你們少搗蛋，少搞甚麼「台獨」！

另外一位軍官也來教訓我：

你們這些人，一天到晚在談「台獨」，說台灣和中國是兩個國家，兩個政府……亂七八糟，說台北和北京是兩個政府，兩個國家……北京政府是叛亂團體，是匪幫，怎麼是一個國家，怎麼是一個政府？你們這樣講就是「台獨」，就是叛亂！

我覺得他們的話很好笑，但也懶得跟他爭辯，我只是回答說我沒有講過兩個國家，兩個政府。

他笑我，現在不敢講了喔，呵！

我講我只講過三個國家，三個政府。

他問甚麼三個國家，三個政府。不是只有台北北京嗎？

我說還有「庫倫」。

「庫倫」是外蒙古首府的漢名。1946年蒙古國獨立後，恢復原名為「烏蘭巴托（Ulaanbaatar）」。

我的意思是台灣、中國與蒙古三國鼎立，是三國不是兩國。

那位軍官不知道「庫倫」是哪裡是甚麼地方，轉頭去問旁邊另一個軍官：

庫倫？庫倫是甚麼，是哪裡？

雖然「中國國民黨」政府要鎮壓的是「台灣獨立」主張，但對外宣傳卻強調我們是「暴力行為」。軍事檢察官的起訴書雖強調高雄市活動的軍民衝突事件，再用這事件牽引「推翻政府」行為，指為「叛亂」罪名。但是，國內外媒體都宣傳「暴力」，不提「叛亂」，不提「台獨」。本來指責主張在台澎金馬地區選出新國會議員（立法委員、國民代表）組成新國會，就是「分裂國土」，就是「台灣獨立」，如今都不敢在起訴書公開提到，甚至不提「美麗島雜誌」各項主張，專提軍官兵被打受傷的事。

有一位以後在軍法處看守所擔任管理工作的憲兵告訴我，高雄事件發生時，他在現場參加鎮壓工作，沒有被打，沒有受傷，但長官要求他捲起褲管，搽滿紅藥水，拍照作為證據，增加軍人受傷人數。

(7)

在偵辦中，軍方人士一直要我承認主張「台獨」，我說如果主張由台澎金馬地區的人民選出國會議員，取代萬年國會的老立委老國代是「台獨」，我承認我主張「台獨」。

於是為了對外宣傳，他們說要錄影存證，我也答應了。

據《美麗島案件史料匯編》的記載，「台灣警備總司令部」的反情報隊在 1980 年 3 月 13 日，在大逮捕三個月之後，曾將調查局偵辦各人錄影送交「台灣警備總司令部」派員審查，以備對外發表。

其中黃信介部分，審查意見表示「黃信介因對『台獨』主張侃侃而談，公開播映，將造成汙染，僅可摘要播映（適於播映者為前段黃嫌說明未被刑求之談話）」。

我的部分審查意見表示「姚嘉文雖在談話中稱未遭刑求，唯其談吐神態，亦宣揚『台獨』意識，並自塑『英雄』形象不宜對群眾播映。」

張俊宏部分談話內容記載「坦承辦美麗島雜誌目的在搞『台獨』，而其編輯方向在宣傳『台獨』觀念與理論，並表示僅有概念，而無具體作法。」審查意見表示可以放映惟效果不大。

施明德部分談話內容記載「不諱言『五人小組』都主張『台灣獨立』，審查意見表示「在談吐神態與姚嘉文無異，亦在自塑『英雄』形象，不宜播映。」

陳菊、林弘宣及林義雄部分未提「台獨」，呂秀蓮談話內容「對其三次出國及在國外與「台獨」分子接觸情形陳述甚詳」，但因她因

感冒精神欠佳，且訊問人曾對她表示「政治案件政府必以政治方式處理」，此項說法似有欠妥，不宜播放。

雖然軍方及情治人員痛恨「台獨」主張，但在追訴及審理中都避諱被告的「台獨」主張。1980年2月1日，在準備進行公開審判之前，「國家安全局」在收到「台灣警備總司令部」偵訊報告後，彙報摘要簽核時，明白張俊宏、陳菊、施明德等供承部分列為「台獨部分」，但多否認「與匪有任何關係」。因台灣警備總司令部」的偵訊報告處處提到「台獨」二字，而簽後有「沈秘書長（沈昌煥）提示：

「台獨」是「叛國顛覆」少用「台獨」。

在前一年的12月31日，「國家安全局」在研析調查局的偵訊日報時，待改進之處第2點曾指出：

對嫌涉及與海外「台獨」勾搭部分，未加緊腳步追訊渠勾結叛亂內情，僅與海外「台獨」交往尚無法科以刑責，亦難向社會宣示「台獨」之非法性。

其實，偵訊人員的困境，在於不能講明黨外所主張的「台獨」是甚麼定義，主張的內容是甚麼。在偵訊程序中「台灣警備總司令部」及調查局人員一再表示，「中華民國」領土包括中國大陸及外蒙古，不只限於台澎金馬，黨外人士主張的「國會全面改選」是指台澎金馬人民選出代表，組織新國會。「台灣警備總司令部」人員認為黨外人員不承認「中國國民」政府是「大中國」秋海棠國家的政府，台灣這個國家的領土只是台澎金馬，這種主張就是「台獨」，「台獨」，就是「分裂國土」，「分裂國土」就是「叛亂」，「叛亂」就是要槍斃。

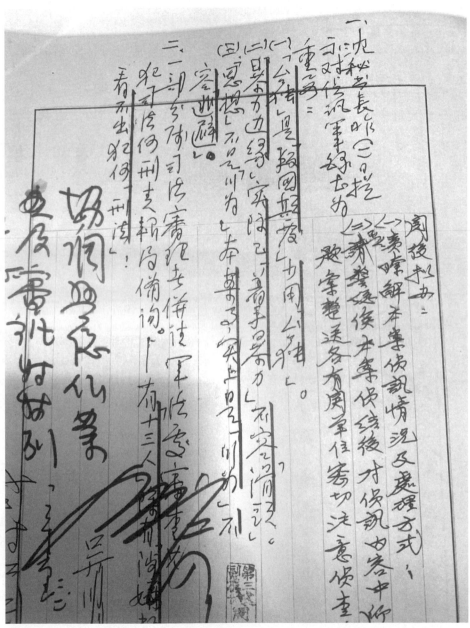

■「台獨」是「叛國顛覆」，少用「台獨」。

美麗島案各被告都不會否認我們主張「台灣獨立」。

1979年1月8日至11日《一二一0專案嫌犯每日彙報》摘要記載:林義雄供稱:

中美斷交後,姚嘉文之「台獨」思想更為激烈,認為「台獨」可避免戰爭。

但國安局人員在彙報研析中對這種供詞並不感興趣,在其「本案研析」第一點指出:

現偵訊重點在左派分子思想清查,但應注意以暴亂行為為主題,以穩固本案法辦之基礎,再求擴延有關偵防範圍。

接著日子的偵訊內容「綜合要點」也記載各人的「台獨主張」:

1, 美麗島出刊目的,以宣揚「台獨」理論。

2, 長老教會之政治立場和台獨意識,是「美麗島」結合群眾,該會大致都能接受「美麗島」的政治目標。

3, 五人小組之作法;

　　(1) 利用「美麗島」顯示「台獨」意識。

　　(2) 藉群眾集會,討論「台獨」問題,以教育群眾。

4, 林弘宣自美返台後,積極向台南神學院及教會人士灌輸「台獨」意識,並成立「新人團契」,作法上先從教會打基礎,進而配合「美麗島」一切活動,而達到「台灣獨立」的目的。

5, 林義雄坦承「高雄事件」是暴力論的升高，透過暴力行為而達到顛覆政府之目的，完成「台灣獨立」之願望。

1980 年 1 月 29 日的「偵訊綜合報告」亦提到：

1, 黃信介：「美匪建交後 逐以『台灣獨立』為號召，從事顛覆政府活動」，「美麗島出刊目的在宣揚『台獨』理論，俟全省各地服務處成立後，以實力向政府談判，達到『台灣獨立』之目的」。

2, 姚嘉文等供稱：五人小組曾討論長短期奪權計畫、短期奪權計畫以暴力推翻政府，長期以「台灣獨立」為目標。

3, 蔡有全、林弘宣等均受長老教會發表「國是聲明」，「人權宣言」影響，主張「台灣獨立」。林某「自美返台後，即組織『新人團契』，擬于長老教會內進行奪權，逐步運用該會既有之基礎，與『美麗島』勾結，進行『台獨』判亂陰謀」。「與施明德等接觸，欲藉美麗島雜誌社之反政府活動，實現『台獨』主張」。

據「國家安全局」第三處當日的簽呈，刑責部份，建議依「調查局」初擬意見，16 人交軍法處依叛亂罪起訴，4 人移送感化，4 人移司法審理。

涉嫌策動高雄暴力事件，意圖叛亂應移送軍法審判者：

1, 黃信介、施明德、姚嘉文、張俊宏、呂秀蓮、陳菊、林義雄、張富忠、陳忠信、邱茂男、范政佑、邱垂貞、蔡有全、林弘宣、王拓、蘇慶黎等十六人依叛亂罪起訴。

2，邱弈彬、紀萬生、陳博文、蘇秋鎮等四人書面裁定移送感化。

　　附會參與暴行，涉嫌妨害公務或妨害秩序應移司法審理 者周平德、楊青矗、魏廷朝、范巽綠等四人。

　　雖然「台灣警備總司令部」軍官一再強調黨外及美麗島團體犯的罪是叛亂，因為我們主張是「國會全面改選」。他們說主張由台澎金馬地區的人民選出國會議員，取代萬年國會的老立委老國代是分裂國土，是推翻「中華民國」政府，是叛亂。但是，在最後的偵辦方向是要用高雄暴力事件，加上和共匪連結來炮製叛亂罪名。

　　「國家安全局」1979 年 12 月 17 日在綜研「美麗島案」偵查工作之重點時指出：

　　本案處置如不能向民眾說明乃潛匪陰謀，及共匪、台獨、國內陰謀三結合之真相，勾結黃信介等著手暴動叛亂，其說服力恐較弱。依據調查局偵獲之洪誌良案（洪犯供証黃信介參予其潛赴匪區，啣匪命回台進行叛亂）。陳永善案（陳犯親書有利用國內陰謀份子，進行顛覆文件，並已接辦「政治犯俱樂部」），應可明顯証明陰謀份子與匪勾結顛覆政府之不法實情。另在日叛國份子黃有仁派日人多喜彥次郎來台教付陳菊金錢，交付田朝明名單乙事，亦應並案處理，使本案能徹底偵破，期人民認清陰謀份子實與共匪及海外叛國集團在國內之內應。

　　在那報告中也提到施明德的助理，在高雄人權日活動積極參與規劃的徐春泰。報告說徐春泰一名調查局表示係該局內線，本認為尚無到案必要，但後經核定列案偵辦「仍以依法拘訊，完成法定手續，並

利用以作臥底，及查明其是否向我為宜」。

又擬辦意見中提到：(p.92)

徐春泰一名，請調查局依法拘訊，查明確屬忠貞後運用於臥底，偵查以後另案處理。

偵辦人員不敢將被捕各人真正政治主張（「台灣獨立」）向社會公布，卻只能虛構其他案件事實，牽扯到「美麗島案件」的叛亂罪名。

我在景美看守所坐牢期間，洪誌良還在這裡。我本就認識他，他是彰化員林人，當時在辦《富堡之聲》雜誌，我曾經在那裡投過稿。事後聽說他雜誌社的男生打字員是調查局的臥底線民。

「警備總部」把他單純到中國做生意的案件，虛構事實，製造成為通匪案件。有一次，在看守所接見室和他相遇，他嘮嘮叨叨的告訴我，他如何被威脅被欺騙，做出不實的口供，牽涉到「美麗島案件」。我沒有時間和他多說。

我出獄以後，有一天收到一件他寄來的書稿。他說他人在日本，將他被「台灣警備總司令部」威脅欺騙做假供詞寫出成書，他希望我寫序表示些意見。我沒有寫，以後也沒有聯絡。聽說他的書有出版。

(8)

軍法庭的審判，在辯護律師辯論後，告一個段落，最後是被告的最後陳述。

我覺得幾天來，審判過程中個人表現不夠滿意。我們在法庭只能照著軍事審判長的問題回答，自己沒有主動發言的機會。在軍方有計劃有預演的審判過程中，「美麗島運動」的主張與精神，並沒有表現出來。要表現我們的主張與精神，只有被告的最後陳述的機會。

於是我仔細思考如何在最後陳述表達我們的主張與精神。

剛好當時我在讀世界名著《主啊，祢往何處去(Quo Vadis Domine)》（拍成電影《暴君焚城錄》），書中提到羅馬帝國在暴君尼祿迫害基督徒時，基督聖徒彼得在返回羅馬受難前，說過的那句話「我要回到羅馬」去與教徒一起受難的話，我靈機一動，我也可以在最後陳述時，說「我要回到美麗島」，顯示我們不忘初衷，願意去與其他同志一起受難，並在最後說「台灣民主運動的推展不是任何人可以阻止的」，表示我們的信心，並對「中國國民黨」的迫害表示抗議。

我把最後陳述的稿件，多謄寫兩份，一份交給軍事書記官存卷，一份交給辯護律師，以後許多媒體都有全文登載。我在最後陳述中說：

被告（姚嘉文）想利用這個機會感謝審判長、四位審判官及兩位檢察官調查及審判期間的辛勞。被告（姚嘉文）對這次公開、詳盡審判的感激，已是抵銷以前對調查人員不誠不正取供的不滿。謝謝審判長及四位審判官，特別要感謝兩位不幸擔任本案公訴人之檢察官，在審判中公開澄清高雄暴力事件不是被告等作為推翻政府的方法，以及說明「長短期奪權計劃」的名詞原來是辦案人員發明的。謝謝兩位檢察官的勇氣。

本案審判期間新聞界朋友詳實報導本案審判的經過，使全國甚至

全世界關心台灣政治的人都能了解本案進行的情形，辯論的經過，以及被告答辯的內容，澄清了也表白了許多誤會。我們感謝新聞界朋友，並請向讀者聽眾轉達我們的謝意。

被告（姚嘉文）要感謝為我們辯論的所有傑出律師。他們不但是我的同道，也是我的至好朋友。我們曾經在台北律師公會、中國比較法學會、台北法律服務中心、青年律師會、律師午餐會、亞洲法學會、世界法治和平會議、青商會、獅子會、扶輪社等的共同為推展法治精神及法律大眾教育而共同努力過。我希望我還有機會跟大家穿起法袍執行這個工作。但不論如何，在這幾天的審判中，我在各位的神色及雄辯中找到了我的影像。我覺得我的精神與希望仍然活躍在你們所蒞臨的每一個審判法庭上。我謝謝您們，也為各位感到驕傲。

調查及審判期間，被告（姚嘉文）等一再對調查人員不誠實不正當的取供方式提出責備。今天被告（姚嘉文）也要向那幾位調查局的朋友表示我的謝意。他們很多時間的友善與照顧，使我能夠平靜地度過我這一生最難度過的五十天。他們陪我聊天，照顧我起居，我在責備之餘也想表示我的謝意。我希望代表國家法律的辦案人員能善守法律所給予的職權分寸。我請求調查局主管官員下令調查專案小組的全部記錄，防止以後同樣情形的發生。我願上帝保佑我親愛的同胞，使降臨在我們身上災難，不要再降臨其他任何人的身上。

最後被告（姚嘉文）想再講幾句話。十二月十日「世界人權日」是全世界除了共產國家及獨裁國家都在慶祝的節日。被告（姚嘉文）等人舉辦及參加這國際性節日活動，絲毫沒有判亂的意圖。被告（姚

嘉文）願意在此向全國同胞作一項見證，請求我曾經跟他們穿同樣法袍的律師同道支持我的見證：「美麗島沒有從事叛亂活動；被告（姚嘉文）等人只是熱心參加黨外政治活動而已」。

這一次「美麗島事件」，對黨外人士是一場災難。我本來在調查局偵訊時，曾經因為心灰意懶而同意接受他們的安排，希望我們幾個人能夠逃出這個災難。就像一年九百多年前，基督徒遭受羅馬人的迫害時，聖徒彼得想逃出羅馬，逃避迫害一樣的心情。彼得途中遇到要進入羅馬共同受難的耶穌聖靈，說出一句一千多年來令人深省的那一句話：「Quo Vadis, Domine？」（主啊！您往何處去？）然後決定回羅馬與教徒大家一起殉教。調查局的所謂「安排」證明是一場「騙局」。本案起訴後有人來表示只要審判中合作，就可以像余登發一樣保外就醫。被告（姚嘉文）現在向庭上及各位朋友，以及我親愛的家人表示，我已決定像彼得回到羅馬一樣，回到美麗島與我的朋友一起承受這場災難。我問自己：「你往何處去？」我回答自己：「回去美麗島」。我願向我的妻子周清玉表示歉意，我已決定自己奉獻給你所命名的「美麗島」三字上。審判長、各位審判官，被告（姚嘉文）請求庭上在我們的判決書上記載，被告（姚嘉文）並不承認檢察官所指控的犯罪，只承認我們願為台灣民主運動及「美麗島」獻身。被告（姚嘉文）只要求判無罪，並不要求因為認罪而減刑，謝謝！

謝謝庭上九天來認真的聽訟，尤其審判長辛勞的指揮訴訟，也要謝謝各位審判官已做及將要做的努力。我對各位的努力有很大的信心。就像我對我的信念有信心一樣-----我相信台灣民主運動的推展

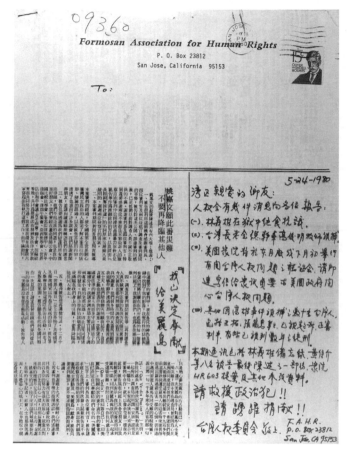

■姚嘉文最後陳述時
　說：「我已決定像彼
　得回到羅馬一樣，回
　到美麗島與我的朋
　友一起承受這場災
　難」。
　圖片提供／艾琳達

不是任何人可以阻止的。謝謝！

　據學者吳乃德《台灣最好的時刻》p189 提到：

　姚嘉文最後這一段話，「我相信台灣民主運動的推展不是任何人
可以阻止的」，應該是台灣民主運動史上最重要的文獻之一。

　也有人提到，軍事檢察官承認說，在這場審判秀裡，審判的人和
被審判的人同樣難過。

審判結束後，我被判 12 年，沒有人被判死刑，我們都聲請覆判，以後有減刑及假釋，沒有坐完刑期。

軍事法庭加派的預備軍官林輝煌少尉參與審判程序。我曾在審判程序中指責林輝煌少尉，說他不是本案起訴的檢察官，不要在法庭發言爭辯。

在我出獄以後，擔任法務部長的城仲謀博士有一次見面，談到林輝煌檢察官。城仲謀博士說，林輝煌是他的學生，因在美麗島大審中出庭論告，備受法界及民間指責。林輝煌夫妻到城仲謀博士家中哭訴，說明身為服役中的預備軍官，不能拒絕長官指派的工作，大家不應怪他。

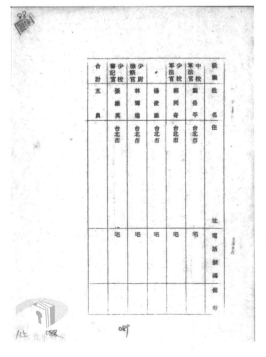

合計	少校 審記官	少尉 檢察官	少尉	軍法官 少校	中校 軍法官	級職 姓名
五員	張維英	林輝煌	楊俊雄	郭同奇	劉岳平	名
	台北市	台北市	台北市	台北市	台北市	住

■軍法大審的軍事檢察官與軍法官。
圖片提供／國家發展委員會檔案管理局

有一次，我在一家餐廳遇到他，他過來敬酒，說他現在要去澎湖地檢署擔任檢察長。當時民進黨籍的高植澎正因貪汙冤案涉訟中，我開玩笑問他，你是要去那裡再找民進黨人起訴案件嗎？他苦笑搖頭否認。

後來林輝煌赴美取得博士學位，返國服務後曾被陳定南、王清峰、曾勇夫、羅瑩雪等四任法務部長先後推薦出任大法官，但都失之交臂。反對林輝煌出任大法官的理由，主要是他在「美麗島案件」軍法審判中扮演的角色，說他附和國民黨威權統治的需要，以軍事審判鞏固威權統治基礎，未能堅守憲法明文規定，保障人民基本權利，積極戕害台灣人民追求民主的意願。

出名擔任起訴檢察官的蔡籐雄，第二年當選國軍戰鬥英雄，晉昇少將，擔任過國防部軍情局少將副局長，後轉任輔導會秘書室主任秘書，2002 年 4 月 1 日升副秘書長。我在立法院擔任國防委員會召集委員時，曾質詢過他。

軍法庭審判長的劉岳平，升為少將，擔任軍法局的副局長。

在安康接待室認真偵訊，負責編寫整套偵訊筆錄，尋找叛亂資料的調查局彰化站主任鄭明順，升為處長及副局長。我在擔任立法院司法委員會召集委員時，曾質詢過他。

我問他，你在辦理「美麗島案件」偵訊我時，那些欺騙、恐嚇、編造事實的辦案方法，現在想起來，有甚麼感想。以後調查局辦案還會那樣嗎。他回答說，當年他年紀輕，辦案中如有不當的言語、作法，要大家原諒，而現在法律已改變很多，以後不會再有類似「美麗島雜

誌社」案件發生了。

各承辦人員不但升官，也領了不少的辦案獎金。

「中國國民黨」運用升官發財的方式，豢養一大批的情治人員，創造了一批又一批的白色恐怖案件。

(9)

「美麗島案件」審判工作結束後，由「1210（安和）專案指揮部」主導進行結案檢討，有綜合檢討，又分為「行動組」「法辦組」「治安組」「新聞組」各組檢討。從各組檢討報告中，看不出專案指揮部（「台灣警備總司令部」）真正的檢討，只是一些官僚表面文章，看不出軍方的真正想法。

起訴及關押「美麗島運動」有關人士，不論用軍法審判或司法審判，或用其他方式押訊、訓誡，以及透過宣傳，企圖讓台灣社會唾棄「台灣獨立」，都沒有達到目的。

據那位在「安康接待室」負責監視及安排飲食的調查員，告訴我「台灣警備總司令部」人員在勤前講習時告訴大家，「美麗島雜誌」幾位負責人，都跟「共匪」有關係，家中都藏有「匪黨」的旗幟、制服、傳單，甚至武器。結果搜查結果，甚麼都沒有，「根本是騙人」。

連情治單位的工作人員，都不能接受軍方所編造的事件謊言，社會民眾更不會接受。

■ 2009 年 12 月，美麗島事件 20 周年紀念活動
在高雄市舉辦，姚嘉文與二位辯護律師謝長廷、
蘇貞昌合影。攝影 / 邱萬興

「台灣警備總司令部」承辦「美麗島案件」之初，本來是要創造一個「高雄事件」來達到封殺「美麗島雜誌」及壓制日益高漲的「台獨」力量，計畫用「暴力即叛亂」的模式抓人交軍事法庭審判，經美國國務院及國內法界人士，指出單純暴力行為不在戒嚴令內交軍法審判範圍之內，乃改以「台灣獨立」罪行偵辦，後考慮台灣社會及國際輿論不接受主張「主張台灣獨立」是叛亂行為，最後改以抽象的「意圖推翻政府」罪名起訴判決。

我被捕後，分配到第一偵訊組偵辦。第一偵訊組設於警總軍法處「安康接待室」，由調查局負責督導對嫌犯黃信介、施明德、姚嘉文、張俊宏、陳菊、王拓、陳忠信、周平德、林弘宣、蔡有全、蘇慶黎等十一名，進行偵訊工作。

早在 12 月 20 日「台灣警備總司令部」的偵訊工作行動綱要就表明：

追訊最終目的：使共匪及台獨分子在高雄暴亂事件中扮演之角色能夠明朗正確，而使本案之偵辦對公眾更具說服力。

在這樣選擇罪名的過程中，真的費盡苦心。據「台灣警備總司令部」的結案檢討的綜合檢討報告第 2 點中說：第 15-16 頁

本專案偵辦之初，從外表觀察，僅係群眾性之暴力事件，由於上級之正確政策指導，辦案人員旺盛之工作精神，僅憑洪誌良、多喜彥次郎二人有限之證據，予以有效運用，細密追訊，終使黃信介供承：確藉洪誌良與匪勾搭，利用「美麗島雜誌社」掩護其推翻政府之目的，由於突破此一案情關鍵，而使「美麗島」集團分子不法活動之陰

謀，真相大白，奠定全案法辦之基礎。

行動組檢討報告第三點「耐心進行說服」中說：

本專案到案嫌犯如姚嘉文、張俊宏、呂秀蓮、施明德、陳菊等人，或具有豐富之法律、政治知識，或具有頑強之鬥爭經驗，到案後，端賴偵訊人員之運用智慧、誠心開導、耐心說服，終使姚嘉文承認「長短程奪權計畫」、「暴力邊緣論」；施明德承認主張「台獨」，意圖顛覆政府；呂秀蓮、陳菊供承與國外叛國分子勾結之事實，而使全案犯罪事實趨於明朗，犯罪證據更臻明確，終於揭穿彼等假藉「民主」、「自由」、「人權」妄圖顛覆政府之陰謀，繩之以法。

關於「長短程奪權計畫」的說法，軍事檢察官在公開審判中，已經說明是辦案人員發明的。

據學者吳乃德《台灣最好的時刻》p178 提到：

更令人料想不到的是，軍事檢察官林輝煌後來竟然在法庭說，黃信介等被告並不知道有此「長短程奪權計畫」之名詞，這是他自己根據被告的想法，加以勾劃歸納出來的。該檢察官構築叛亂情節之熱心，令人印象深刻，也充分顯示軍事法庭的水準。

我在最後陳述時特別對此感謝軍事檢察官「感謝兩位不幸擔任本案公訴人之檢察官，在審判中公開澄清高雄暴力事件不是被告等作為推翻政府的方法，以及說明『長短期奪權計劃』的名詞原本是辦案人員發明的」。現在竟然又說是我承認，誇大業績的意圖很明顯。

軍法處法辦組的檢討報告直接承認偵辦「美麗島案件」，是在偵

辦「台獨案件」，在其報告的檢討與建議的最後說：

　　對「台獨」叛亂犯執行，缺乏適當場所：本處看守所為偵訊被告暫時羈押之處所，并非受刑人執行徒刑之監獄，綠島雖有叛亂犯監獄，但係離島，往返不便，且設備亦有未能適用各種狀況（又無女監），因此如何能在台灣本島建一適應特殊狀況之叛亂監所，確有必要。

（10）

　　「美麗島叛亂案」審判過程，允許比較以前有更多旁聽，在媒體報導上更為開發放，有很多原因。在媒體報導後在社會上造成極大的影響，不但打破「台灣警備總司令部」的醜化宣傳，而且啟迪了不少人的民主思想。

　　名記者謝孟穎在《風傳媒》(2020-03-15)報導有關人士的回憶說：

　　民主絕對不是天上掉下來的，我們現場見證歷史軌跡，一步一步，真的是很不容易⋯⋯

　　記者在座談會以後的報導，審判當時在擔任中國時報記者，後擔任清華大學副校長的林聖芬回憶當時的氣氛說：

　　大審震撼全台，「叛亂犯」自白讓法庭現場全掉淚的「叛亂犯」自白：台灣民主運動的推展，不是任何人可以阻止的。

　　林聖芬說，在「美麗島事件」前的記者也不是不想採訪所謂「叛

■「美麗島事件」大逮捕,對海外台灣人社團及國際人權團體都引起相當激烈的反應。
海外人權組織展開救援工作。圖片提供／艾琳達

亂罪」,問題是這些審判連消息也沒有,多少性命就這樣消失──
但到了「美麗島大審」軍事審判就不一樣了,政府終於說可以採訪了,
還是公開給國內、國外媒體採訪,於是,余紀忠(中國時報發行人)
進行了最高規格的部署。

　　林聖芬又說以前從來沒有這樣的事情出現,我們的報導不能只是
「摘要」』!」余紀忠是這樣下令的,而這個命令在當時可是震撼所
有記者,原因出在「報禁」之限制。「我們那時還在戒嚴時期、報禁
時期,以前辦報最多3大張,你有多少版面?正常來講我們一般新聞
處理,半版已經算不得了了!」林聖芬說,後來這3大張珍貴的額度,
幾乎都給了「美麗島大審」。

當時「美麗島大審」採訪規定「一個媒體只能有一個記者」《中國時報》因為還有旗下《工商時報》額度，再加上下午各一位輪班，2+2，余紀忠共派出4個記者上陣，有跑社會版也有跑國會的，各面向都能顧到，而被點名的林聖芬至今仍會說：「我們派4個，我真的很榮幸是其中之一。」

當然，身為記者與政府對衝的壓力，並不會因為政府開門讓記者採訪「美麗島大審」就此消失。林聖芬說，在「美麗島大審」前就存在這樣的狀況，不是很重要的採訪也會「被人家那個」，而且林聖芬因為哥哥的關係身分是「黑名單家屬」，情治單位總覺得他當記者必定是來「搞鬼」；而在「美麗島大審」，當時採訪是要列冊的，調查局直接整車帶過來，而當調查局人員看到記者賣命寫逐字稿，也會時不時給予「關切」：「你怎麼這麼『認真』啊？」

報導又說，「美麗島大審」期間，政府也展開「輿論戰」。後來成為學者的陳翠蓮教授，也在檔案看到彼時政府展開所謂「秀朗三號演習新聞助理實施計畫」，新聞局、文工會（中國國民黨中央委員會文化傳播工作委員會）、警備總部嚴加部署，新聞局要負責運用電視、報紙做專題報導，告訴社會大眾為何要進行「軍法審判」，文工會則對媒體強調這是「對暴力台獨份子實施再審判，建立國人正確觀念」，甚至以媒體投書來引導風向。

當時政府對姚嘉文、呂秀蓮、施明德等被告極盡污名，然而林聖芬也道出他在現場看到的實況：「我們那時沒看到什麼『畏畏縮縮認罪求生』，沒有 --- 他們就是一副『這我應該做的』的態度。感動了

我，就我那時觀察，不要說是旁聽席，連檢察官也去上了『民主的一課』。」

陳翠蓮唸出一段姚嘉文在法庭上的「最後陳述」，這段話，曾讓當年身在第一法庭的律師頻頻拭淚，在場的人們也都淚流滿面，報導的人也是。

回憶起那段慷慨激昂的法庭，陳翠蓮說，她那時其實是高三、聯考前，那時她是個長期受國民黨教育的年輕人、也非常理所當然會認為被以《懲治叛亂條例》起訴的 8 名被告是「壞人」，所以法庭上的一切，對高三的她來說都是很大的衝擊：「我一直想到底誰是真的，誰是好人、誰是壞人？如果是壞人，這些『壞人』的家屬為什麼會被殺？衝擊很大，林宅血案發了……而且當時說的『壞人』，他們為的是台灣的理想、前途。」

依據「一二一零（安和）專案綜合檢討報告」承認「公開審判被用為宣傳工具」提到：

對公開審判情形詳實報導之政策至為正確，惟被各案犯及辯護律師利用，有計劃的於法庭歪曲事實，企圖污染社會民心，博取同情，製造困擾。

(11)

1980 年 12 月，台灣恢復舉辦中央民意代表選舉。這是這是「美麗島雜誌案」審判後第一次的國會議員的選舉。選舉的結果可以看出

■姚嘉文律師的妻子周清玉參選國代文宣「與我同行」，周清玉以十五萬多票，在台北市第一高票當選國大代表。傳單提供 / 周清玉

■ 1983 年方素敏參選第一選區增額立法委員，推出抉擇小冊子等系列文宣。
圖片提供 / 范巽綠

■ 1981年陳水扁、謝長廷、林正杰競選台北市議員時合影。圖片提供 / 范巽綠

■ 1980年美麗島軍法大審辯護結束後，由李勝雄律師召集律師團，在台北二二八紀念公園旁衡陽路上的「朗月照相館」拍攝合照。第一排右起陳水扁、蘇貞昌、謝長廷、呂傳勝、尤清、鄭勝助、張俊雄。第二排左起李勝雄、鄭慶隆、高瑞錚、江鵬堅、張政雄、金甫政、郭吉仁。照片提供 / 李勝雄律師

台灣社會對「美麗島雜誌」被以軍法叛亂罪判刑的反映，也是一項「中國國民黨」政權以軍事法庭鎮壓「台灣獨立」思想行動的民意調查。

軍方與情治單位非常緊張，用盡辦法干擾「美麗島雜誌案」被告家屬及關係人的競選活動。他們嚇阻黨外人士不要擔任助選人員，阻止房東提供房子作為競選總部。周清玉代夫出征參選國大代表，租了房子，房東被迫毀約退租，周清玉只好破例在五樓樓上住家作競選總部，而且只能勉強找到一位教會會友登記為助選員。

這次選舉結果，三位美麗島受刑人家屬都當選了，周清玉以十五萬三千六百多票，第一高票當選台北市國大代表；許榮淑以七萬九千三百多票，當選第三選區（台中縣市、彰化縣、南投縣）立法委員；黃天福在台北市五萬九千三百二十三票當選立法委員。

1983年，方素敏在第一選區（台北縣、宜蘭縣、基隆市）以十二萬一千二百零四票當選立法委員。

辯護律師也都得到選民的肯定。1981年底，陳水扁當選台北市議員，以後當選立法委員、台北市長、總統。

蘇貞昌當選台灣省議員、屏東縣長、台北縣長。

謝長廷當選台北市議員、立法委員、高雄市長。

江鵬堅當選立法委員、民進黨首任黨主席。

1980年12月選舉結果，據說讓掌握「美麗島雜誌」鎮壓行動最高決策的蔣經國大感意外。事先，蔣經國接到黨部及情治人員

的報告，表示軍特各方面宣導得當，社會對參與「美麗島運動」的人員及家屬，萬分憎恨，家屬及相關人員參選得不到支持，無人會當選。結果不是這樣。

據「中國國民黨」人員傳說，蔣經國看完各地的選舉報告，坐在中央黨部主席室房間內座位，靜靜不說話，低頭沉思。過半夜了，沒有離開黨部的意思。黨部的人沒有人敢進去跟他講話。到了凌晨三點左右，蔣經國才起身離開，坐車回去。

我們 8 人只剩 5 人留在景美看守所。黃信介、林弘宣仍和我仍在看守所第一區，張俊宏和林義雄在第二區。

1982 年，我們在景美看守所服刑的難友，因飽受新來的蔡姓少校所長無理的嚴格管理及很多的額外限制，剛好當時美國和「中華人民共和國」政府簽署《八一七公報》，美國總統雷根向台灣提出《六項保證》，社會各界對台灣的安全問題倍加關切，「中國國民黨」仍躲在戒嚴令下，自欺欺人的天天喊光復大陸，於是我們決定發表聲明及絕食，表達我們對所方的抗議，更宣導我們「台灣完成民主，遠比為中國製造統一更為迫切更為重要　」的主張：

美麗島受難人共同聲明　七十一（1982）年九月一日

由於政治看法和主張的不同，身陷重牢，我們確信這是基於執政當局的政治需要。然而三年來，國內外情勢的發展，證明我們對台灣前途看法和主張的正確。執政當局因為缺乏應變開局的決心和勇氣，已使台灣陷入更危急的困境。

美麗島受難人共同聲明

71年9月1日

由於政治看法和主張的不同，身陷重牢，我們確信這是基於執政當局的政治需要。然而，國外情勢的發展，證明我們對台灣前途看法和主張的正確，執政當局因為缺乏應變開展的決心和勇氣，已使台灣陷入更危急的困境。

三百年來，以追求自由而拓墾的英勇人民，以新的思想和生活方式，開創了自立奮發的民族氣象，並且奠定了民主社會的基礎。台灣本質千百年來，已使得雙方民意基礎的差異。

「統一」難是中國古老傳統的願望，「民主」卻是近代舉世人民普遍的要求。當兩者不可得全，我們堅信任何人民不能捨棄民主而屈就統一。我們主張由自由民主生活方式的道德力量結合現代社會的組織力量，遠比中國製造統一，更為迫切重要。

中華民族在歷史上曾經不只一次有過因為理想不同而分立建國的經驗。我們堅信任何因為種族情感的原因而喪失實踐人類利益考慮，已使中國製造統一，更為迫切必要。

「統一」難是中國古老傳統的願望，另一方面卻在台灣將長久不能實現的壓力下，執政當局基於此項考慮，堅拒中共統一的壓力。另一方面卻在台灣將長久不能實現的號召和諾言上，不但使得民意趨於不安，道德形象難然衰竭。因此，堅拒中共統一的壓力，更值得我們懷疑。

三十多年來，最值得我們慶幸和驕傲的，是我們社會已擁有成熟而不可欺侮的人民，已具有成熟的社會決心。

問：要人們忠誠地納稅當兵，為什麼國是不必由人民公決乎？

近代歷史一再證明，實行民主是對抗共產勢力的有效方法。只有尊重人民意願的政府，才可能被國際社會所肯定和支持，也只有根植於自由意願、杜絕外來的染指，用以阻塞匪共入侵的染心，才能化解到懷疑。

執政當局基於此項考慮，堅拒中共統一的壓力。

上述國內危機重現之際，我們鄭重要求執政當局停止高壓、迅速還政於民，當前將主權歸屬、政府形態、基本國策，大公無私地付諸全民公決。只有尊重人民意願的政府，其存在才具有合法化的基礎。

經由全體居民共同投票所表達的向心、杜絕外來的染指，我們才會有一根茁壯的生命。

政權合法化的基礎，也達不只是足以強化內部的向心。我們願藉此喚醒全國上下正視現實，發揮政治良心和國民智慧。如果個人遭遇能促進全民幸福，安全和尊嚴恆久，則吾等個人再遭受凌辱、折磨和苦難，亦將怡然無愧。

願上天和英勇的祖先保佑我土我民。

黃信介
張俊宏
姚嘉文
林弘宣

■ 1982年9月，姚嘉文、黃信介、張俊宏、林宏宣四人為表達對台灣前途的看法，發表了有名的「牢中四人聲明」。

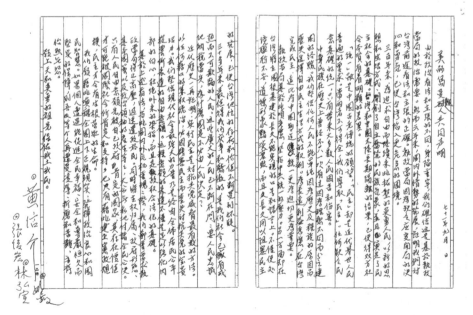

■ 1982年9月，黃信介、姚嘉文、張俊宏、林宏宣發表的「美麗島受難人共同聲明」手稿。表明「在台灣完成民主，遠比為中國製造統一更為迫切重要」。

三百年來，為追求自由而陸續來此拓墾的英勇人民，以新的思想和生活方式，開創了自立奮發的民族氣象，並且奠定了民主社會的基礎。台灣和中國大陸長期隔離的結果，已使得雙方社會本質有著明顯的差異。

「統一」雖是中國古老傳統的願望，「民主」卻是近代舉世人民普遍的要求。當兩者不可得全，我們寧取「民主」。任何缺乏民意基礎的統一，只有帶來大多數人民困苦和傷害。

中華民族在歷史上曾經不只一次有過因為理想不同而分立建國的經驗。我們堅信任何人民不能單純因為歷史及種族的原因而喪失選擇自由民主生活方式的權利。為長遠利益考慮，在台灣完成民主，遠比為中國製造統一更為迫切更為重要。

執政當局基於此項考慮，堅拒中共統一的壓力。另一方面卻在台灣將立國根基建於長久不能實現的口號和諾言上。不僅使處境尷尬不安，道德形象黯淡衰敗，而且長久用以阻塞民主的發展，已使台灣地位的存在和價值不斷受到懷疑。

三十多年來，最值得我們慶幸和驕傲的，是我們社會已擁有成熟而不可欺騙的人民。這些廣大的人民已不斷在問：要人民忠誠地納稅當兵，為什麼國是不必由人民決定？

近代歷史一再證明，實行民主是對抗共黨威脅最有效的方法。以任何藉口的集權統治，必因殘害民主而喪失對抗共黨的寶貴活力。我們堅信現代社會最強大的力量乃是經由全體居民公平投票所表達的自由意願。這種意願的表達不僅是足以強化內部的向心，杜絕外來的染

指，而且是執政權合法化的基礎。

　　基於上述看法，當此國內外危機重現之際，我們鄭重要求執政當局停止高壓，迅速還政於民。同時將主權歸屬、政府形態、基本國策以及政治領袖的產生等等，大公無私地付諸全民公決。

　　只有人民自由意願先被自己政府肯定的國家，其存在價值才可能被國際社會所肯定和支持，也只有藉此建立憲政規模，民主才會有生根茁壯的生命。

　　我們願藉此喚醒全國上下正視現實，發揮政治良心和國民智慧。如果個人遭遇能促進全民幸福、安全和尊嚴恆久而堅實的保障，則吾等個人再遭受凌辱、折磨和苦難，亦將怡然無怨。

　　願上天和英勇的祖先保佑我土我民。

　　　　　　　　黃信介、張俊宏、姚嘉文、林宏宣

第七部

反火亂局多敗事

　　兩蔣政權所豢養壯大的特務系統，在蔣經國為了外交挫敗和中國統戰壓力而焦頭爛額之際，不僅沒有為主子分憂解勞，反而滋生事端。

---- 國立政治大學李福鐘教授：《蔣經國政權下落的起點 --- 美麗島事件與情治機關的〈反火〉危機。》

　　成事不足，敗事有餘。

---- 成語。

■國外學生參訪人權園區，姚嘉文解說。攝影 / 杜宜蓁

■美麗島事件 40 週年紀念活動，姚嘉文重回第一法庭拍攝紀錄片。攝影 / 邱萬興

(1)

　　國立政治大學台灣史研究所李福鐘教授在《蔣經國政權下落的起點 ---- 美麗島事件與情治機關的「反火」危機》一文中提到：

　　從四十年來台灣民主發展的歷程來看，1977 年 11 月發生的中壢事件，以及兩年後（1979 年）的美麗島事件，無疑是兩蔣政權由盛而衰的轉捩點。雖然在美麗島事件發生後，國民黨當局試圖以大逮捕及大張其鼓的軍事審判以震攝人民，然而隨後從 1980 年的增額中央民意代表選舉，到 1986 年年底增額中央民代選舉，六年間的五次全國性選舉性選舉投票，固然「黨外」得票率未明顯增加，始終在 29% 至 24% 之間徘徊，，甚至呈現微幅下降的趨勢，但是不容否認，美麗島事件發生後受刑人家屬紛紛參選並以高票當選 .... 就此歷史意義而言，中壢事件與美麗島事件相繼發生，可以說是台灣民主運動的始軔，也是國民黨威權統治下墜的起點。

　　「美麗島事件」審判過程，國內外媒體爭先報導，國內幾份重要日報都派多位記者記錄開庭發言全文。

　　到底「美麗島事件」審判內容報導後，對台灣社會有甚麼影響，學者意見不同。有一位學者認為影響不大，因為當年年底選舉黨外票數未見增加。多數學者則認為影響很大，除了打破「中國國民黨」及軍方的宣傳外，　發社會許多人的政治思想，讓全界了解台灣政治現況，更重要的是打破軍方要一次消滅「台灣獨立」思想的企圖。

　　軍方的躁急行動，不但無助搶救聲望墜落的台灣外來政權，反而加速「中國國民黨」政權的沒落。

國立政治大學教授李福鐘在同一文章又說：

所謂「反火」（backfire），指的是「弄巧成拙」、「事與願違」或「幫倒忙」的意思。原本應該向正前方發射的武器，結果反而向後爆開，誤傷自己性命。本文用「反火」一詞描述情治部門單位在 1979 年所起的作用，指的是兩蔣政權所豢養壯大的特務系統，在蔣經國為了外交挫敗和中國統戰壓力而焦頭爛額之際，不僅沒有為主子分憂解勞，反而滋生事端，在 12 月 10 日的高雄事件中製造出一個蔣經國原本不想面對的國內亂局。

美麗島事件在第一時間看起來是國民黨情治部門的勝利，新興的美麗島政團在大逮捕中幾乎全軍覆沒。然而短短不到七年，1986 年民主進步黨宣布建黨，情治部門最初的勝利，反而成為日後蔣經國政權「毀滅的種子」（the seeds of destruction）。

蔣經國在《美麗島》創刊之初，並不打算大動干戈處理這件事，已如上文所述。甚至到了 9 月下旬第二期出版，或黨中央授權的文工會還是要求情治機關「按正常程序依法處理」，而且這個「法」不是刑法，而是出版法。

上文曾描述，這段期間情治部門人員對於事態的發展極度不滿，警總負責情蒐的特調室 9 月 6 日上給國安局的報告，甚至直指「當局迄今未採取行動，使人頗為不解」。國安局王永樹在遲遲等不到蔣經國下達鎮壓命令的情況下，自行於局內部提出「對國內外陰謀活動應綜合研析」的要求，基本上已將《美麗島》雜誌社的一連串動作視為「陰謀活動」。為此國安局承辦人員在「函請警總、調查局、警政

署分別提出研析報告送局綜研」之後，於 9 月 15 日提出了一份「美麗島雜誌出版後陰謀動向分析」的報告。這份報告做出若干結論，其中之一便是「以合法掩護非法，企圖組黨」。在報告之「綜合分析」中，承辦人員如此分析《美麗島》雜誌：

一、陰謀分子利用合法方式，以成立「美麗島」雜誌為名，從事非法組黨之陰謀。施明德為物色各縣市經銷處主任人選時曾表示：此「主任」將是未來反對黨的「地方黨部主委」，又謂「目前先協調安排地方黨部然後再磋商安排中央黨部人選」。

二、做好紮根工作，積極爭取群眾基礎，特別拉攏不滿政府分子如新生分子，結訓隊員，退伍軍人，流氓及低收入之農工，以擴大組織，形成力量。

三、爭取群眾，多利用文化鬥爭，從事思想汙染。陰謀分子近來頻頻出版書刊，除「美麗島」外尚有「八十年代」（康寧祥）、「鼓聲」（陳鼓應）、「春風」（王拓）、「潮流」（吳哲朗）、「消息」（姚嘉文）、「新境界」（姚嘉文，吳哲朗）等。

(2)

執政的蔣經國對這種時代的變化，並沒有正確的認識，只是在日記中表示「過於輕視反動力量的發展」，並沒有想從事政治改革，以因應人民的要求及時代的進展，反而要進行防制「台獨」措施。據政府情治單位上呈「中國國民黨」中常會 1977 年 9 月 30 日「華海

康會報」（第十三次會議）記錄，其中第二案，稱作「安詳專案」討論防制「台獨」叛國措施，「中」國國民黨」政府將海外反中共統戰及反「台獨」活動並列為兩項重於要的施政要點。

當「中國國民黨」高層多用心在注意中共在海外的統戰時，熟悉地方政情的情治單位，預見民情的變化，不斷提醒中央要專注在「台獨」主張與力量的發展。

1979年9月《美麗島雜誌》開始發行上市，保守頑固的情治單位要求查封但是上級不同意。李福鐘教授的文中又說：

在國安局、警總等情治單位眼中，國民黨中央遲遲不對《美麗島》雜誌作出查禁處分，令身處第一線負責查禁書刊、思想檢查的情治基層人員，感到焦慮不安。在上引警總特檢處的報告送到國安局兩天後，警總負責情蒐的特種調查室（特調室）9月6日也上給國安局一份針對《美麗島》創刊號發行情況的報告，詳閱其內容，與其說這份報告是呈給上級的情蒐報告，還不如說是一件警總像指導機關國安局「發牢騷」與「上諫」的陳情書，其激越情緒表現如下：

「美麗島」之創刊，今後可能使國內反動言論升級，當局迄今未採取行動，使人頗為不解。若說讓它順利出刊，讓它的言論有訴諸公意的機會，倒是一個上策；但是當局在事後，也應有所表示和行動，不然，便視同「默認」了它的言論尺度，今後在言論上，便很難約束了。

一般新聞文化界人士認為，政府和執政黨當局已開放了言論尺度，也盡量容忍了反對言論，但在「政治事件」與「法律事件」的認

定與處理上，缺乏統一與堅定的立場和標準，……該法辦的不辦，不該法辦的卻法辦了。這樣造成的結果，將使善良百姓對政府喪失信心，使親痛仇快，是非不明。陰謀份子有恃無恐，形成特權，在老百姓心目中，政府成了「軟的欺，硬的怕」的糊塗官，這是一個非常可怕的現象，應速謀補救。

當前國際局勢險惡，面對時局，國內的心理建設無比重要，在以承受過多國際壓力的民眾心理上，再也經不住長期的內部的腐蝕，當局應對國內的文化汙染和不當言論加以重視，所謂「家賊難防」，大意不得。

李教授的文章又說：

既然基層情治官員對於黨中央遲遲不下令取締《美麗島》雜誌迭有怨言，那麼國安局高層又如何看待這一問題？1979 年 8 月 23 日，就在《美麗島》創刊號即將付印出版前夕，國安局局長王永樹以一份機密文件送國防部長高魁元參閱，文件署名「方靖遠」，這一化名事實上係國家安全局局長的代號。文件尾端出現簽字筆手寫「魁825」等字樣，應該是高魁元本人在 8 月 25 日閱畢。這份文件印證了前文郝柏村的描述，即王永樹擔任國安局局長時期，由於直接面見蔣經國的機會變少了，只能先透過國防部長所召集的情治會談，再決定是否「上達天聽」

情治部門知道台灣社會民主運動的勢力正在澎湃發展，「台獨」思想更是四處散佈，情治部門不去瞭解時代變化及民心向背，只認為處理的方法是加強鎮壓，而且先已佈置好「安康接待所」及「軍事第

一法庭」，準備以叛亂案件來修理黨外人士，當然不會贊成上面那種「怯懦」的作法。

(3)

　　作者黃清龍的《蔣經國日記揭密》書中以「全球獨家透視強人內心世界與臺灣關鍵命運」來了解蔣經國。在第二章 「世代考驗蔣經國」第113-114頁中提到翻查蔣經國日記可以發現，在「美麗島事件」前一年，由於年底即將舉行選舉，加上美國斷交傳聞不斷，內外情勢皆已十分緊繃，1978年12月10日蔣經國日記記載：

　　競選活動已經開始，反動派來勢洶洶，處此時境千萬不可衝動，必須做原則性之容忍。此並非向敵人示弱，而是有所待也，有所獲也。大陸匪區內鬥日益擴大，本應集中精力應付此一大變局，惜內部又多事，苦哉！

　　又記：

　　共匪和美帝分別策動支持國內的流氓反動分子，利用今年的選舉機會，發動運動企圖推翻我政府，手段陰險惡毒，來勢洶洶，政府之內外處境又如此之複雜微妙，輕不得又重不得。總之，為了台胞的幸福和國家的利益，還是需要作更大的忍受。

　　12月11日記：

　　面臨大難。為黨國甚憂，寢食不安。反動派存心亡國害民，而又有外力相助，詭計多端；匪區之政治發展情況，反而加深了對我處理

內部問題之不利，而美國又在拆我後台，惡劣的形勢緊迫而來，似有非採取強壓手段不得其定。但是此路不通亦不可走，從政者自感無愧於心，而行仁政者不可以鎮壓作為手法。今天是我考驗忍耐和堅強的時候。

作者黃清龍說：

從這幾則日記可以看出：一、他以反動派看待黨外運動，並稱黨外受到共匪和美帝的策動支持，反映當時「三合一敵人」論調，仍是一黨獨裁的思維。二、如何處理黨外運動讓他陷入兩難，一方面情勢似已到了非採強壓手段不可，但外有美國施壓，輕不得也重不得。三、中共因素發揮微妙影響，日記提到「匪區之政治發展情況，反而加深了對我處理問題之不利。」所謂「匪區之政治發展情況」，應是指一九七八年十一月十日到十二月十五日中共召開十一屆三中全會，決定改革開放一事，當時蔣經國已察覺兩岸競爭即將進入新的階段。這也讓他對於以強硬手段鎮壓黨外有所忌憚，擔憂失去海內外民心，以及美國的支持。

1979 年 9 月 9 日蔣經國的日記記載：

八日下午陰謀分子又企圖在中泰賓館搗亂示威，幸治安單位處理得當，得以平息。這些行動乃是共匪借刀殺人之計，除內賊要比排外難得多。我需要忍耐。內內外外的惡勢力一步一步向我緊迫，有非致我於死地之勢，除了振作自強，別無他路。

9 月 23 日的日記記載：

國賊企圖作亂鬼（詭）計百出，他們之所以敢如此大膽，乃是因為有美國政府作後盾也。美國與我為敵，痛恨至極，但是為了國家的利益，又不得不敷衍。處理國是之難，即在於此也，輕不得亦重不得也。

蔣再度提到「輕不得也重不得」，反映他面對黨外挑戰的兩難處境。

11月23日，日記記載：

有心有餘而力不足之感。月來政敵緊迫而來，一天比一天緊，似有非把我置於死地不可之勢，精神重擔一天重一天，有時壓得抬不起頭來。環境越是艱難，我越應寬我之心沉著以應之，面對強敵之時，我應發揮高度的潛力來克服。

黃清龍評論說：進入十二月，黨外與政府的對抗完全沒有緩和跡象，十二月七日蔣日記記載：「國內的陰謀分子以美帝和共匪為背景，以更為惡毒的方法來打擊我，這是一場危險的鬥爭，過去以本黨作為打擊的對象，現在則轉向我個人和政府，過去是打下不打上，現在則是打上不打下了，國內反動分子之所作所為，都是共匪的那一套，共產黨的一套鬥爭方式，可以肯定他們的背後定有匪諜在有計劃地作控制，這是不得不注意的。」這是他從九月預感即將有「大事發生」之後，對整個內外情勢最直接的研判，此刻已是山雨欲來風滿樓！

蔣經國在1979年12月的日記更是充滿敵視的口氣。120-121頁

昨夜高雄發展暴動。(12 月 11 日)

反動派所謂美麗島暴徒在高雄暴動,企圖火燒高雄,當時情況非常嚴重。情勢平靜後,我即下令將全部禍首拘捕,暫作處理。一網打盡之後,再做斬草除根之事,為黨國利益不得不下此決心。(12 月 18-22 日)

又記:

今後國內之患重於來自國外,自本月份起,每周五將由我親自主持安全會談一次,如此或可督促安全工作之加強。敵我之間已至短兵相接之時,必須注重鎮暴之組織、技術以及工具等。對內不可用兵,只可用憲警。孔令晟此人不可再用。今後掌握憲警重於正規部隊也,政戰學校應另設一班。

12 月 25 日記:

由於共匪採取內應外合之惡毒政策,高雄暴動乃是強烈信號,從此一定多事。我決定國家之安全工作由我自己親自加以督導(組織、訓練、巷戰、工作),以力還力,才有力以擋之。

黃清龍認為解讀以上日記可以看出,蔣經國視黨外的抗議示威為中共背後操縱內應外合,屬於敵我之間的矛盾,不能再以人民內部矛盾來看待,並稱敵我之間已到了短兵相接之時,從此一定多事,因此考慮在政戰學校設立專班,培訓鎮暴人員。

黃清龍又認為:

「美麗島事件」是台灣社會從封閉走向開放的一次歷史事件,對

台灣社會在政治、文化上都產生劇烈影響。政治上的改變最為明顯，美麗島案的被害人以及辯護律師，後來都成為民主進步黨的核心成員。其次在社會上，整個台灣社會歷經白色恐怖被壓抑沉默了三十年，因為美麗島事件及隨後一連串的事件，開始有了表達的勇氣，展現追求民主自由的社會生命力，從沉悶的單一逐漸走向多元化、自由化。美麗島案也讓黨外人士更加團結，並獲得更多台灣人民的支持。因此 1986 年 9 月 28 日，在台灣還未解嚴的情況下，黨外就不怕鎮壓地成立了「民主進步黨」。

(4)

　　1980 年，「美麗島案件」審判前，2 月 28 日，發生有名的「林宅血案」，「林宅血案」是軍方及情治單位為了處罰及恐嚇台灣人民的手法之一。

　　據監察院由蔡崇義委員及范巽綠委員於 2023 年 2 月就「林宅血案」再進行調查，經聯席會議通過，於 2 月 24 日公布調查結論。

　　調查結論指出，雖無直接證據可證明情治人員涉案，但當時林宅在警總天羅地網嚴密監控下發生血案，以常理判斷，若非情治單位執行或默使其發生，豈有可能成事。報告指出「警總」為主的情治系統介入司法偵查、誤導方向、阻撓偵辦、操弄媒體、包庇犯嫌、運用黑道等六項重大違失，另提出五項應繼續追查事項，糾正行政院並函請國安會督導國安局檢討改善。

■台灣時報報導 1980 年 2 月 28 日爆發林宅血案，林義雄家中母親與兩名雙胞胎女兒被殺、長女重傷。這件台灣近代史上最慘的滅門命案，震驚社會，林義雄獲准交保。圖片提供／艾琳達

■三宅清子在日本印製林宅血案傳單。圖片提供／艾琳達

所指六項重大違失如下：

（一）情治介入司法：依當時《臺灣地區戒嚴時期軍法機關自行審判及交法院審判案件劃分辦法》，林宅血案應由檢警偵辦，過去政府宣稱林宅血案是由刑事局「撥雲專案」小組主責；本案調查發現，案發後 1 周國安局長王永樹指示警總等情治系統組成「三〇七會報」，指揮刑事局「撥雲專案」進行偵查，也就是情治系統不當介入司法偵辦。

（二）誤導辦案方向：「三〇七會報」自始排除軍方或情治人員涉案，宣稱血案是「陰謀分子內部報復」及「國際幕後操縱」，並以「清查黨外陰謀分子」名義，全面監控異議人士及其家屬。監察院依解密文件顯示，1980 年 4 月 8 日國安局上呈蔣經國總統的「日報」指出「美麗島被告家屬、黨外人士、台獨人士、國際有關組織皆不可能犯案」。兇手可能是「鷹派軍方人物」所為，目的在嚇阻黨外活動、全面掌控及引發衝突，以乘亂奪權，也就是三〇七會報所謂「黨外主導的政治謀殺」的偵辦方向，是情治系統刻意誤導。

（三）阻撓刑案偵辦：本案久懸未破，過去政府辯稱現場因救人及關心人士進入受到破壞、兇手未留下跡證云云；但監察院調查發現「三〇七會報」處處阻撓專案小組，例如：

（1）倖存者林奐均及目擊證人詳細描述兇手外貌，偵辦人員多次建議公布兇嫌模疑畫像及特徵，配合破案獎金鼓勵民眾檢舉，但「三〇七會報」不予裁示。

（2）警總監聽林宅，錄得兇嫌於案發後自林宅撥打 2 通電話，第 1 通於 13 時 10 分撥打 104 查號台詢問金琴餐廳電話，第 2 通於 13 時 12 分撥打至金琴餐廳找「王春風（發）」，未待對方接聽，於 8 秒後掛斷電話。3 月 8 日國安局對專案人員稱「錄音帶已沖掉」，但 3 月 10 日警總內部會議紀錄記載，電監處回報林宅監聽錄音帶「已全部保留」。情治系統顯然有意阻撓專案小組公布兇嫌聲音。

（3）專案小組擬前往金琴餐廳扣押點餐單及簽帳單，由指紋逐一清查現場人員，但請示 3 天後獲准，相關單據已遭銷毀。

（4）情治系統拒絕揭露監聽錄音、兇嫌圖像等重要證據，卻指示專案小組對「化名」之「王春ㄈㄥ」花費大量人力清查比對，「警總」又在血案發生後第 12 天宣布將破案獎金提高為 500 萬元，誤導社會氛圍。

（5）宣稱「兇手不熟悉人體骨骼結構，非有經驗之兇手」，事實上依鑑識專家及現場狀況，兇手有預謀，而且非常專業。

（四）操弄媒體：過去有認為「林宅血案」因媒體披露詳細案情，致各界因立場不同，各自解讀。但監察院調查發現，情治單位多重釋放不實訊息，引導當時威權政府完全能掌控的媒體，誤導輿論及民眾，例如：

（1）69 年 3 月 1 日聯合報社論稱：「…有些官員擔心這可能是一次企圖製造混亂的政治謀殺，可能惹起對國民黨及政府的敵意」、「有位官員暗示，因為政府調查暴力事件時，林義雄一

February 28, 1982

Dear Mrs. Reagan.

This is a picture of the twin-daughters of Mr. Lin Yi-hsiung, a prominent member of the Taiwan Provincial Assembly. Exactly two years ago they were murdered — together with their grandmother — in their home in Taipei, after their imprisoned father had told his family that he had been tortured under interrogation.

The police-interrogators had threatened him not to tell his family about is „treatment", or else his family would suffer. At this time Mr. Lin is still in prison, accused by the authorities of „inciting the crowd to violence" at an International Human Rights Day celebration, which was held in Kaohsiung on December 10, 1979. Tapes of the rally show that Mr. Lin didn't ever speak. However, a military tribunal refused to hear the tapes and sentenced him to twelve years imprisonment.

Please, help get Mr. Lin out of prison.

Name: ....

Address: ....

City: .... Country: ....

P.S.: Until this day the Taiwan authorities maintain that the murderers of Mr. Lin's mother and daughters „cannot be found".

Mrs. Nancy Reagan

The White House

Washington, D.C. 20500

U.S.A.

■海外傳遞紀念林義雄律師
的雙胞胎女兒郵寄卡片。
圖片提供 / 艾琳達

直『非常合作』，所以報復也可能是造成這件滅門血案的動機。」，呼應警總所謂「黨外主導政治謀殺」的說法。

（2）案發隔日（1980 年 2 月 29 日）中國時報報導《林奐均告康寧祥和司馬文武，兇手是「來過我們家的叔叔」》，宣稱「林奐均見過甚至認識兇手」，調查局及警方證實該文不實在，且林奐均警詢筆錄中明確表示「不認識」兇手。監察院訪談江春男（司馬文武）表示，2 月 28 日晚間仁愛醫院即有此傳言，王杏慶先生應係聽信該傳言，其於 29 日見報後，立即在當天的

■前排雙胞胎女兒林亭均、林亮均與林奐均。後排左起林義雄、他的母親游阿妹和妻子
　方素敏合影。

自立晚報撰文澄清。但情治機關仍一再強調林奐均在案發前見過兇手。

（3）配合「中華日報」報導，將偵辦方向指向黨外人士游錫堃等人犯案，但游當日有充分的不在場證據而作罷。

（4）媒體大幅報導鄰居目擊「大鬍子」家博於案發時在林宅門口徘徊及進入林宅，事實上警總早已監聽知悉家博於案發日中午自國際學舍打電話到林宅與雙胞胎姐妹聊天，監聽紀錄記載約談了 10 幾分鐘，約 11 時 55 分左右說完，不可能至林宅犯案。但警總卻隱匿關鍵電話，顯然有意誤導民眾及辦案人員認為「大鬍子家博」涉有重嫌。

（5）情治單位結合媒體宣稱「林義雄羈押時出賣他人引來殺機」，然而林義雄不但未與偵查機關合作，還因不配合而遭受警總殘酷的刑求，有明確的事證。

（五）包庇犯嫌：林宅血案發生前，台北、高雄美麗島服務處、黨外人士黃信介、周平德住處及黨外活動遭到多起暴力打砸，當時情治機關指稱是「黨外的苦肉計」。然依解密文件，「撥雲專案」檢送黑道首惡戴○○涉及上開黨外打砸事件的秘密錄音及情資，研判戴某可能也涉入林宅血案，三○七會報隨即在警總的要求下，指示交由警總查證，事後不了了之。

（六）運用黑道：各界懷疑林宅血案是否如 1984 年發生的江南案，情治系統利用黑道制裁異議人士。當時「三○七會報」宣稱將黑道分子列為全面清查對象，但本院調閱國安局 1980 年解密

檔案，發現當時警總未將竹聯幫或陳啟禮等不良分子列為清查對象，且利用取締流氓的職權，對多名，檔案中還記載情治人員為黑幫圍事、接受招待的共生關係。

面對國內外政局的變化，及台灣人民的政治的覺醒，「中國國民黨」政府，尤其是情治單位，預見台灣社會要求改革的聲浪必比前加大，反抗運動必比前強烈，思考如何運用軍事法庭進行鎮壓，因而在 1974 年設立讓政治犯聞風喪膽的「安康接待室」，1977 年設立讓被告聞到死亡味道的軍事「第一法庭」，企圖發揮恐嚇作用，阻止「台獨」聲浪的高漲。 監察院報告中說，據竹聯幫要角柳茂川在他的 2020 年出版的回憶錄《竹聯：我在江湖的回憶。臺灣第一部幫派主持人親筆史記》中說：p.47

71(1982) 年王昇遭貶至南美巴拉圭擔任大使，其為打入政工系統，透過友人謝大明及駐巴拉圭空軍副武官至大使官邸與王昇會面，會談時王昇順口說出：「林義雄、陳文成的事做得乾淨俐落，怎麼江南這件事他弄成這樣糟糕？」柳推論王昇以為柳與陳啟禮共同主持竹聯幫，必然知曉林宅血案的內情，但實際上柳不知情。柳表示雖沒有證據可證明是陳啟禮所為，但分析血案的唯一可能性，就是「上面」有特別指示，受命人與執行人不得不照「上面」執行，而造成慘絕人寰的「林宅血案」，意圖就是恐嚇異議人士與反對者，在「美麗島事件」軍事審判之前，營造一種恐怖氣氛。柳懷疑是幫內某一殺手行兇（後遭滅口），指出王雖已過世，但其本人、謝大明及空軍副武官都健在。

　　柳茂川的講法，是否可以全信，有待查證，但一向運用黑道恐嚇黨外人士的傳聞，則有所聞。

　　為什麼會發生林家血案呢？則與林義雄說過的一句話有關，1979 年 6 月，「許信良休職案」接續「余登發案」發生，是衝擊當時黨內外關係的一個重要話題，6 月 29 日黨外總部召開記者會，林義雄感冒，吃了感冒藥昏睡，醒了才匆匆趕來，記者會其實已經快要結束，他拿起麥克風講話時怒斥：「國民黨假借民主、欺騙友邦，假借反攻大陸，壓榨台灣，今天國民黨在台灣，已經不是一個政治團體，而是一個叛亂團體！」

　　「國民黨是叛亂團體」這句話，讓林義雄在「美麗島事件」中遭到「刑求」，甚至釀成「林宅血案」。

　　1980 年 2 月 28 日，林義雄家慘遭滅門血案，接著是 1984 年月，高俊明牧師和好幾位傳道者也陸續被捕。消息傳出，都震撼全世界基督教會，這時，英國「聯合歸正教會」和美國、加拿大、德國、日本等各基督教會組織都紛紛發出信函，表示嚴重關切台灣長老教會遇到的苦難。世界最大組織的基督教會組織「世界教會聯盟」和第二大組織的「世界歸正教會聯盟」，紛紛發出關懷信函，讓各所屬會員教會關心並注意台灣長老教會遭遇，以及「美麗島事件」引發的各種問題。其實鮮少有人知道的一點，就連羅馬天主教教宗也來信給台灣長老教會總會表示關懷。

■ 1979 年 6 月 29 日，黃信介與許信良在黨外總部召開記者會，林義雄在記者會發言。
圖片提供 / 黃天福

■ 美國人權工作者梅心怡在日本大阪將林宅血案消息，傳遞給國際人權組織。圖片提供 / 艾琳達

(5)

在我被押偵訊期間，感覺到偵辦人員有遲延不前，不知為甚麼偵訊要點，不在問「台獨」主張，而在高雄事件，以後又放棄改問其他，不似在偵辦叛亂案件。

以後我在寫我的回憶錄《姚嘉文追夢記》，到檔案局找資料時，才找到資料，明白原因。

在我被捕偵訊之初，調查局偵辦人員似有某些困惑，他們的偵訊重點都側重「高雄事件」的所謂「暴亂行為」，避談「美麗島運動」的「叛亂行為」或「台灣獨立主張」，與「警備總部」人員所關心的事題不同，以後我才了解，「中國國民黨」政府及「台灣警備總司令部」受到國內外很大的壓力，尚無法處理，無法立刻定調如何辦案。

美國國務院的見解，其實也是國內外稍有法律觀念的人士的看法，「中國國民黨」政府 及「台灣警備總司令部」要鎮壓台獨主張，卻不敢明目張膽的用「台獨」罪名抓人起訴，想用軍民衝突的暴力罪名宣傳，因此碰到困難。

1979年「美麗島案件」在偵訊期間，偵辦人員主要在追查「台獨」思想與及組織。「中國國民黨」當局可能考慮到台灣社會並不排斥「台獨」所以雖不斷宣傳主張「台獨」主張是叛亂行為，是可能被判使死刑的行為，但是「美麗島案件」並不準備用「台獨」行為起訴審判，而用「高雄事件」的暴力行為起訴審判，所有官方文件都用「高雄事件」而不稱「美麗島事件」。今日許多學者在研究1979年的「美麗島事件」，都集中焦點在當年12月10日發生在高雄市新興警察分

局前面的所謂軍民衝突的暴力事件，而不提「美麗島雜誌」的發行，組織與雜誌內容與主張。

雖然「中國國民黨」當局一直在打擊「台獨」主張，但也知道台灣社會並不排斥「台獨」主張，所以就用別的罪名偵辦。1960 年代，「自由中國」發行人雷震先生反對蔣介石連任第三任總統，又挑戰蔣介石，說反攻大陸不可能，再加上要籌組「中國民主黨」，因而被逮捕下獄，但判刑的罪名不是這些，而是「知匪不報」。

「美麗島案件」用的是毆打軍憲的暴力行為，說成叛亂罪。

我在新店暗坑安康接待所被偵訊時，就發現調查局偵辦人員有遲疑徬徨的態度，只是不知道為了甚麼。不斷前來探視的軍方人員則毫不掩飾他們在乎的不是軍憲被打的事件，而是台灣日漸高漲的「台獨」思想。

台灣在法律上並不與「中華人民共和國」或「中國大陸」同屬「一個中國」，但如果 1971 年聯合國大會開會時，兩邊政府都接受「雙重代表權制」，在政治上會表示兩個政府都接受台灣與「中國大陸」同屬「一個中國」，「一個中國」兩個代表。如今兩個政府都反對「雙重代表權制」，在政治上就有一個雙方沒想到的微妙意義。

美國國務院「中華民國處」的分析曾這樣寫：

「中華人民共和國」堅持以阿爾巴尼亞案的模式進入聯合國，未來可能被認為台灣與中國間殘餘之聯繫中斷的重要一步。如果「中華人民共和國」與「中華民國」都繼續在籠統的「中國」名義下，留在

聯合國，則統一的概念可能比現在為強。「中華民國」被逐出聯合國，
並被正式拒絕為兩個「中國」之一，將會被迫日益自立，而此舉將意
味引進更多台灣人以參與更有意義的政治角色。就此而言，「中華人
民共和國」和那些在紐約投票支持阿爾巴尼亞案的國家，可能對台灣
加速變成一個獨立個體，做出極大的貢獻。

三聲無奈軍法庭

美麗島審判及對審判的報導,是台灣政治史上最重大的事件之一,也成為民主運動再起的轉捩點。

---- 吳乃德教授《台灣最好的時刻》P.139

民不畏死,奈何以死懼之。

---- 中國古代老子《道德經》第 74 章。

子為政,焉用殺,子欲善而民善矣!

---- 中國古代孔子《論語》顏淵第 19 章。

知進退存亡,而不失其正者,其為聖人乎?

---- 中國古籍《易經》乾卦《文言》

(1)

蔣家政權設置「安康招待所」及軍事「第一法庭」，用來壓制日漸興盛的「民主運動」與「台獨運動」。由於台灣國內外政治形勢的發展與台灣人民不畏死亡威脅，不斷推動政治運動，這個目標不但沒有實現，最後還成為不義遺址，或淪為廢墟，或成為人權教育景點。

軍事「第一法庭」風光設立，威風開辦，最後無奈收場。

無奈的「第一法庭」三次嘗試，三次遇到挫折，不但壓制不了「民主運動」與「台獨運動」，反而加速運動發展。雄心萬丈，一番心意，每次都以無奈收場。三次挫折，三聲無奈，蔣氏政權最後掙扎，一場空夢。

第一場，1979 年 1 月 21 日，「台灣警備總司令部」軍法處以「涉嫌叛亂」唯一死刑罪名逮捕余登發父子，引發台灣戒嚴時期的第一場群眾街頭遊行，後來「警總」改以較輕的「知匪不報」等罪名起訴判決，無法以死恐嚇黨外。黨外運動一發不可收拾，不到一年爆發「高雄事件」。

第二場，1979 年 12 月 13 日，「台灣警備總司令部」藉口「高雄事件」，又用「涉嫌叛亂」唯一死刑罪名，搜捕全台近 200 位黨外運動人，企圖一口氣消滅台灣的民主運動」與「台獨運動」。事情沒有那麼簡單，在各種壓力之下，除了 8 人由軍法審判外，其餘大部分釋放，以下 32 名被迫移交普通司法法院，以非「叛亂」處理：

周平德、楊青矗、邱茂男、范政祐、陳博文、王 拓、張富忠、

■美麗島事件受難人出
庭應訊的大陣仗。
攝影／周嘉華

"台湾民主化運動指者らへの
死刑判決を許すな！"

緊急 市民集会

●と　き　80年3月4日（火）
　　　　　午後6時半～8時半

●ところ　万世橋区民会館 TEL.251-4691
　　　　　＊国電秋葉原駅下車 徒歩3分

●内　容〈講演〉
　　　「教会関係者への弾圧について」
　　　　大島孝一（台湾の政治犯を救う会 代表世話人）
　　　「高雄事件後の台湾の情況」
　　　　斉藤敏夫（台湾問題研究家）
　　〈緊急報告〉〈アピール〉他

〈軍事法廷に起訴された人々〉
①黄信介…立法委員、雑誌『美麗島』の発行人
②施明徳…元政治犯、美麗島雄誌社総経理
③姚嘉文…弁護士、多くの人権問題を扱う
④張俊宏…台湾省議員、『美麗島』総編集
⑤林義雄…台湾省議員、弁護士
⑥林弘宣…台南神学院卒業、美麗島高雄服務処幹事長
⑦呂秀蓮…台湾婦人解放運動提唱者、美麗島社長
⑧陳菊…人権運動家

　2月20日、ついに台湾の蔣政権は、昨年12月10日の高雄暴動事件を口実に逮捕していた多くの台湾民主化運動指導者のうち黄信介立法委員ら8名を軍事法廷に起訴しました。
　しかし、高雄事件そのものが治安当局の挑発によってひき起されたものであるばかりか、これらの人々は国際人権デーの記念行事を主催したとはいえ、民衆と軍隊との衝突を制止する力はもっていませんでした。それにもかかわらず、盛りあがっていた台湾民主化運動をつぶしてしまおうとした蔣政権は、多くの民主化運動家を逮捕したばかりでなく、拷問でひき出した関係者の証言をもとに、暴動を計画的に引き起したとして、本来は軍人にのみ適用される軍事法廷で裁こうとしているのです。
　8名が該当するという「懲治叛乱条例」第2条は、「政府の転ぷくなどを意図し、着手実行した者は死刑」と規定した非常に厳しいものです。
　私たちは、力を結集して、3月上旬に予定されている軍事裁判の不当をあばき、死刑判決を阻止しなければなりません。集会へ参加を！

〈台湾の政治犯を救う会〉
（連絡先）東京都練馬区東大泉376、（新宿事務所）TEL. 341-4352（水.木. PM 6:00～9:30）

■ 1980年3月，「美麗島事件」主要八名被告，被以叛亂罪起訴，可能遭到死刑的判決，日本政治犯救援會，在東京展開聲援活動。圖片提供／艾琳達

陳忠信、魏廷朝、蘇振祥、吳振明、吳文賢、許天賢、蔡垂和、
傅耀坤、邱明強、戴振耀、蔡有全、紀萬生、邱垂貞、陳福來、
劉華明、余阿興、許淇潭、鄭宮明、蔡精文、劉泰和、潘來長、
李長宗、王滿慶、陳慶智、李明憲。

軍事法庭部分，一起訴就暗示不一定會判死刑。死亡恐嚇成空，
而反對運動越演越烈，要求解除戒嚴，要求國會全面改選，要求修改
憲法。1987年7月15日，戒嚴解除，不久「台灣警備總司令部」裁撤，
「第一法庭」已無用武之地。

第三場，戒嚴雖然解除，蔣經國雖然已經如風中殘燭，但台灣蔣
氏政權保守爪牙力量仍繼續追殺「台灣獨立」運動。

1987年8月許曹德、蔡有全的「台灣獨立案」、1989年4月鄭
南榕抗議自焚，以及1991年5月「獨立台灣會案」，這三個案件都
和主張「台灣獨立」的言論有關。

現在追殺「台灣獨立」運動的舞台不再是軍事「第一法庭」，但
審判方式雖有不同，重刑伺候還是一樣。

1988年1月9日，許曹德、蔡有全的「台灣獨立案」在高等法
院進行長達14小時的辯論庭，從早上9點半開到晚上11點20分才
結束。一週後的1月16日，就在蔣經國死後3天，許曹德、蔡有全
兩人分別因「預備意圖竊據國土罪」、「共同陰謀竊據國土罪」被判

處十一年、十年有期徒刑。

1989 年 1 月 21 日，主張「台獨」的鄭南榕收到台灣高等法院檢察署所簽發的「涉嫌叛亂」之法院傳票，拒絕到庭。1 月 27 日，公開宣佈「國民黨抓不到我的人，只能抓到我的屍體」，展開 71 天的自囚生涯。4 月 7 日，國民黨派刑警前來拘捕時，自焚明志。

1990 年 6 月，蔣氏政府軍頭郝柏村，繼續執行蔣氏父子追殺「台獨」的政策。1991 年 5 月 9 日，法務部調查局以加入「獨立台灣會」為由，進入國立清華大學拘捕清大歷史研究所碩士生廖┐偉程，並於同日逮捕台大社會學研究所畢業的文史工作者陳正然、社運人士王秀惠及傳教士 Masao Nikar（漢名林銀福），且又於兩天後逮捕一名協助貼傳單的魯凱族青年 Ceau Drululan（漢名安正光）。

戒嚴解除，但依當時的《懲治叛亂條例》與《中華民國刑法》第一百條的內亂罪，五位被捕人有可能被求處唯一死刑。事發後各界認為政府嚴重侵犯憲法保障的言論自由，激起強烈民憤並在台灣引發一連串的的政治抗爭。最終立法院於龐大民意壓力下火速通過廢除《中華民國刑法》第一百條，廢止《懲治叛亂條例》，其後五名被捕人亦獲判無罪釋放。

如今，「第一法庭」依舊豎立在「景美看守所」外面，等無叛亂人犯。風中無聊，低頭無奈。

(2)

以死亡（死刑或暗殺）進行威脅，是每一個獨裁統治者，都會用來恐嚇人民，去維持專制政權的手段。「中國國民黨」的蔣氏政權也不例外。在台灣「228 事件」以至白色恐怖時期的歲月中，台灣人民有深痛的經驗。

台灣威權統治時期，實施戒嚴，「台灣警備總司令部」軍法處經常宣判死刑。蔣介石曾經親手核覆大量政治案件，多次介入並直接指示判決刑度的情形。根據東吳大學政治系沈筱綺教授於 2021 年的研究報告《獨裁者的死囚：台灣威權時期軍事審判過程的蔣介石因素》指出，蔣介石參與核覆的案件中，有 790 位當事人的初審刑度與終審刑度不同，其中高達八成刑期加重，更有 259 人被改判死刑。這與沒有蔣介石介入的案件（六成減輕、不到 5% 被改判死刑）形成巨大對比。

又據「行政院促進轉型正義委員會」調查，蔣介石介入的政治案件高達 3000 多件，有 876 筆死刑由他決定。

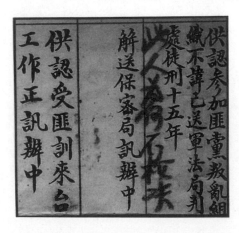

■蔣介石批「槍決」公文。
圖片提供 / 國家發展委員會檔案管理局

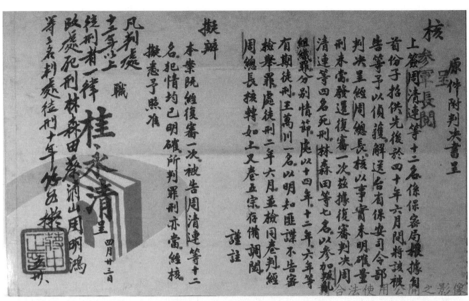

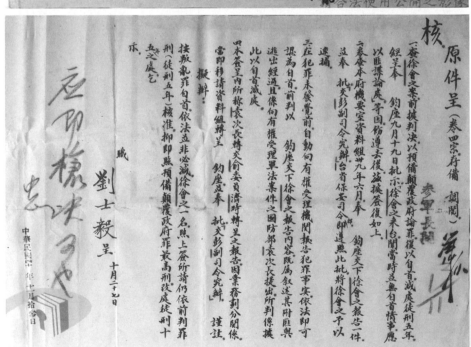

■蔣介石批「槍決」公文。圖片提供／國家發展委員會檔案管理局

　　早年沒有人、也缺乏資料去細數蔣介石政權在台灣究竟槍殺了多少人，直到成立「行政院促進轉型正義委員會」，進行檔案歸整統計，並爬梳出蔣介石介入的部分才曝露部分事實。雖然仍有少數機構的黨國餘緒「自衛式」地頑劣拒交資料，但是，根據該會於 2021 年二月的統計，在實際收錄一萬多名戒嚴時期曾受軍事審判的政治受難者判決資料中，眾多政治案件中蔣介石總插手甚深。有案可查的他共介入 13,268（人次），其中有高達 876 人的死刑，是蔣介石以終極判官身分要求更改判決的。

　　該會 2022 年 4 月（該會於 2022 年 5 月底屆期結束業務）新公布的資料，蔣介石實際介入審判決策的（包括下指令要求改判死刑及加重刑期的案件）則高達 14,946 筆（人次），判死刑槍決的多達 1,153 人，佔了 13.12%。

　　根據檔案初審與終審判決刑期不同的 1,121 件，其中判刑加重者就超過 7 成。大多數被改判十年以上有期徒刑。更有 274 名受難者被改判死刑，其中還有 23 人原本是較輕微的「感訓教育」甚至「無罪」。顯見經過上級「核覆」，結果有很大不同。

　　蔣氏政權運用死刑槍斃及謀殺以對付敵對者，並用以恫嚇被統治的人民。1947 年以後白色恐怖時代，對付的對象，使用的罪名，多以共產黨嫌及匪諜罪嫌。1971 年後，因本土勢力大量興起，統治當局預見大量「台灣獨立」運動出現，於是超前佈署，一方面大量宣傳主張「台灣獨立」是應判死刑的叛亂行為，一方面建置「安康接待室」及「軍事第一法庭」，迎接即將到來的台灣獨立運動的叛亂案件。

　　1978 年 12 月 6 日，「美麗島高雄事件」發生前幾天，蔣經國在日記寫道：

　　處此緊要關頭，必須以始終如一的態度，貫徹以下之基本政策：一、決不與共匪妥協；二、決不與蘇俄交往；三、決不讓台灣獨立；四、決不讓反動派組成反對黨。這是救國護黨之要道。同年十二月九日的日記又寫，外來勢力正在「策動和支持國內的流氓、反動份子，利用今年的選舉機會，發動運動，企圖推翻我政府，手段陰險惡毒，來勢洶洶。

　　運用軍事法庭以叛亂罪對付反對人士，是蔣氏政權為維持永續統治的手段。雖然從 1970 年代開始，「台灣警備總司令部」軍事法庭已不再隨便判處政治犯死刑，但有關專科死刑的法條仍在，威嚇人民反抗的作用仍有。

　　因為「美麗島案件」，我在「安康接待室」被秘密偵訊期間，前後來探訪的軍官，有的以好意的口吻安慰我，只要我配合坦白認錯，就不會判死刑。有的以恐嚇的口氣嘲笑我，說你們既然怕死，就不要搞台獨，「搞台獨本來就是要槍斃的」。有的勸我在庭上懺悔求饒就可以不會判死刑，語帶恐嚇。

(3)

　　中國古時學者老子在他的書中說到：

　　民不畏死，奈何以死畏之（第 74 章）

　　這句話講了很清楚，提醒統治者以殺人手段來威脅壓制人民，是無效的。這是古今不變的道理。

　　老子說，「人民是不怕死的，為何還要用死亡來威嚇他們？」這也是有智慧的老子對暴虐的統治者所提出的警告。

　　當人民對統治者心存不滿，生活困苦，生不如死時，雖有嚴刑峻法，也無法對人民產生威嚇的作用。

　　有人對這句話的意義提出補充說明，說：

　　當老百姓為了某一項追求，不再怕死了，那麼統治者用剝奪其生命的方式來威嚇人民，已經沒有作用了。寓意為政者要用合適百姓的方式來治理天下，不能總是以刑罰恐嚇百姓，而要以真正讓百姓愛戴的方式來治理天下，此之謂：得民心者得天下。

　　如果人民飽受暴政的逼迫，到了連死都不怕要出而反抗的時候，統治者又怎能用死來威脅他們呢？若人民都畏懼死亡，一有人反抗就被抓起來殺掉，也許人民不敢隨便出來反抗，但問題是統治者自己行為不當，迫害人民，不得民心，那麼你要用殺人來阻止反抗行為，人民不一定永遠畏懼死亡。所以說，以死亡恐嚇不一定有用。

　　中國古書《論語》提過（顏淵 19）：

　　季康子問政於孔子曰：「如殺無道，以就有道，何如？」孔子對曰：「子為政，焉用殺？子欲善，而民善矣。君子之德風，小人之德草。草上之風，必偃。

　　《論語》這段話的意思是說：季康子（中國春秋時代魯國大夫）

問政治：「如果殺掉惡人，延攬好人，怎樣？」孔子說：「您治理國家，怎麼要殺人呢？如果您善良，人民自然也就善良。領導者的品德像風，群　的品德像草，風在草上吹，草必隨風倒。」

(4)

　　有說台灣人怕死。論者常提日治時代前台灣總督府民政長官後藤新平，說他觀察台灣漢人有所謂「愛錢、驚死、愛面子」的特性，形成他所謂的「治台三策」，作為獨裁統治台灣「恩威並濟」的理論基礎。

　　所謂後藤新平的『治台三策』：

1、臺灣人貪財愛錢，可用利益誘惑；

2、台灣人貪生怕死，得用高壓手段威脅；

3、台灣人非常愛面子，可用虛名攏絡。

　　後藤新平是否「以台灣人貪生、怕死、愛面子為治台三策」，此為歷史傳聞。史學家各有不同推論和見解。日本後藤新平紀念館指出，未曾看過「後藤新平治台三策」的相關文獻或紀錄。日本學者大前研一出版《低 IQ 時代》（中譯為：低智商社會）一書，認為此為評論日本社會，並非台灣。

　　台灣輔仁大學歷史系教授陳君愷表示過，就他所知，此一說法已成為一歷史傳聞，難以證實後藤新平是否有這樣說。

國立政治大學台灣史研究所所長薛化元表示，從時序上推斷，「後藤新平以『台灣人愛錢、怕死、愛面子』制定『治台三策』」的說法不合理。」

薛化元說明，後藤新平在1898年來台就任台灣總督府民政局長官，旋即展開治台工作。從時間上，後藤新平不可能先說台灣人「愛錢、怕死、愛面子」，再基於「愛錢、怕死、愛面子」這三點來制定統治政策。因此，「治台三策」的說法應是後人追溯。

薛化元補充，後藤新平在台灣擔任民政長官時，認為要用「舊慣」來治台，但是他不可能在來台之後馬上就完成「舊慣調查」。

其實，貪生怕死是人類共有的通性，只是在為某種理念是否願意犧牲生命以赴，各民族都會有人這樣做。

台灣人因歷史因素，沒有建國建政經驗，比較沒有「為國盡忠」「為國犧牲」的觀念，但向來有為家園為鄉土犧牲，為道義為理念犧牲的傳統。清朝統治時期「三年一小反，五年一大反」的歷史，客家勇士在1895年乙未抗日戰爭的表現，就是明證。

台灣名作家李喬寫過一本書《台灣人的醜陋面》，指出台灣人有許多缺點，如健忘，不求精緻，殘酷自私，道德淪喪，自大、自卑、自棄，但沒有提到台灣人怕死這件事。1895年日本軍隊入台接收，苗栗新竹一帶的客家人在吳湯興、徐驤以及姜紹祖領導之下，自新竹城迎戰日本軍隊，一直戰到彰化縣的八卦山，慘烈犧牲在山上。

至今八卦山上猶有「乙未保台和平紀念公園」，紀念當年抗日勇士。

這些勇士固然有讀書識禮的士紳地主，但多數為一般平民。比起那些以「文章抗敵，詩詞報國」的官員才子，更顯出台灣人民的不怕死的勇氣。

中國古書《易經》第一卦「乾卦」的《文言傳》有說：「知進退存亡而不失其正，其唯聖人乎。」意思是說一般人遇到事情知道考慮進退生死，但有些人會考慮到「正當性」，考慮到應該不應該做的問題。平常珍惜生命，愛護身體的人當發現有不能迴避的事情，應該擔當的責任，也願犧牲生命。

(5)

「美麗島事件」大逮捕以後，「台灣警備總司令部」逮捕偵訊人員，得意洋洋，不斷宣稱「台灣再沒有所謂黨外了」，意思是說你們台灣人怕被「台灣警備總司令部」抓了，再不敢從事反對運動了。

我在被捕後，被送至有名的恐怖密偵訊的「安康接待室」，好心的偵訊人員不斷地安慰我，只要配合偵訊，坦白認罪，就會被「政治處理」，不會送軍事法庭，意思就是不會判死刑。有一位年輕的外省軍法官來視察，不斷地安慰我只要誠心的坦白悔改，保證以後不再搞政治，不再主張「台灣獨立」，就不會判死刑。他很正經地建議我：

要表示悔改，保證以後不再搞政治，不再主張「台灣獨立」，必須要有誠意…要有動作，法官才會感動，譬如 .... 譬如跪下地上認罪求饒，就不會判死刑。

■ 1980 年代黃信介在
景美看守所。
圖片提供 / 黃天福

　　我出獄以後遇到這位軍法官，他已經退役當律師，本來我要跟他嘲諷幾句，因他藉詞閃離，就沒多談。

　　在等待判決的時候，有一天與黃信介在押房樓梯口相遇，他向我點點頭，憂心地說：「死刑，死刑喔！」我笑著安慰他：「不會的」。

　　「美麗島案件」起訴的《叛亂治罪條例》第 2 條第 1 項的刑度是唯一死刑，而「高雄事件」發生後，「中國國民黨」的宣傳機構不斷塑造「人人皆曰可殺」的氣氛，偵訊情治人員不斷提到「死刑」問題，但我了解自 1971 年後，反對運動的政治犯沒有人被判死刑。

　　在 1979 年代，台灣的政治氣氛，及「中國國民黨」在國際上的聲望，軍法處不大有能耐判死刑。在整個偵訊過程中，我看到偵訊人

員的猶疑及畏縮，又看他們問案時常常變換主題，最初幾天問東問西，毫無頭緒，不知原因如何，有看到那些來視察偵辦進度的軍官，態度上由囂張變成慌張，應該是辦案碰到困難。

事後的了解，的確是這樣。

我相信軍法庭無法判我們死刑。法條規定判亂唯一死刑，法庭隨便找一個理由，就可以減輕刑度。死刑減到最輕是有期徒刑 12 年，我相信我的部分是判 12 年。其他的人如果有判重一點的也不會判死刑。何況起訴書已經提出暗示，不一定要判死刑了。

因為這樣，我安慰黃信介不會判死刑。

我在我牢房舖位枕頭後面的牆壁上寫上「12」兩個數字，並且告訴牢友我會判 12 年。

以後看守所所長送判決書來，我們在吃飯，我簽收後將判決書丟到枕頭上，繼續吃飯。看守所所長問：

您不看看怎樣判，判甚麼嗎？

他故意不提「死刑」兩字。一般叛亂犯收到判決書，看到沒有被判死刑，都會雀躍歡喜，「台灣警備總司令部」人員，會高興看到被告這種表情，又期望表現出「感謝不殺之恩」的表情。我冷冷地回答說吃過飯再看，看守所所長很失望的離開。

看守所所長離開後，好奇的牢友放下碗筷去翻看判決書，說：

真的呢！判 12 年，跟姚先生事先講的一樣 ...... 姚先生，您們是事先跟警總軍法庭套好的嗎？

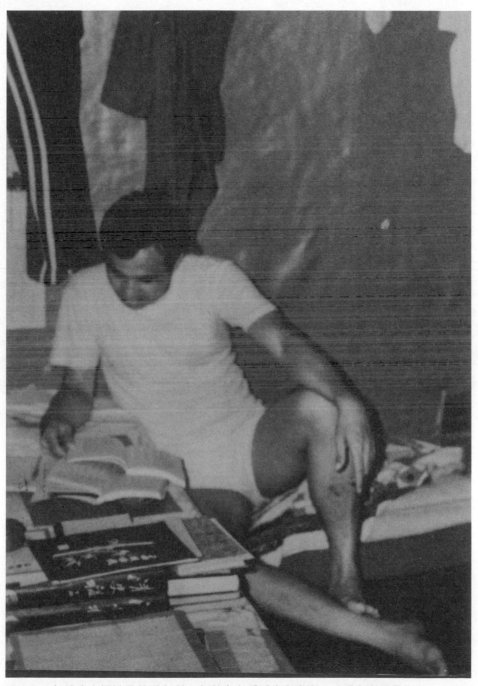

■ 1982 年姚嘉文攝於景美看守所，在獄中牢房看書與書寫。（看守所提供）

(6)

　　「台灣警備總司令部」辦案人員為了對外宣傳，派人拍攝偵訊記錄影片。雖說刑事案件偵查不公開，但他們徵得我的同意，就安排攝影。看他們提問的問題，我了解到攝影的目的，第一要證明我們身體正常，沒被刑求。第二要證明我們主張「台灣獨立」。主張「台灣獨立」在「台灣警備總司令 部」人員的立場就是叛亂，就是要判死刑。

　　「台灣警備總司令部」官員以為台灣社會會厭惡「台灣獨立」，如果我們在鏡頭上承認在推動「台灣獨立運動」，並且在認罪後表示後悔求饒，會有一定的宣傳效果。

　　結果不是這樣。

　　根據國史館出版的《戰後臺灣政治案件－美麗島事件史料彙編》記載，1980 年 3 月 13 日反情報隊簽呈，調查局 3 月 12 日對美麗島案 8 個被告作偵訊錄影，內有：

黃信介部分

談話內容：不諱言主張「台獨」，並坦承以「美麗島雜誌」為搞群
　　　　　眾之工具及欲積蓄力量顛覆政府之陰謀。

審查意見：其在訊談中雖說明未受「刑求」，且要求澈查誣政府使
　　　　　用「刑求」的造謠者，但因其對「台獨」主張侃侃而談，
　　　　　公開播映，將造成污染，僅可摘要播映（適於播映者為前
　　　　　段黃嫌說明未被刑求之談話）

姚嘉文部分

談話內容：坦承主張「台灣獨立」，供認有喊反動口號及使用報力行為。

審查意見：雖在談話中稱未遭刑求，惟其談吐神態，易宣揚「台獨」意識，並自塑「英雄」形象，不宜對群眾播映。

張俊宏部分

談話內容：坦承「美麗島雜誌」目的在搞「台獨」，而其編輯方針則在宣傳「台獨」觀念與理論，并表示僅有「台獨」觀念而無具體做法。對高雄暴力事件，供認是有預謀行為。

■黃信介最後辯述簡報。

審查意見：可以放映惟效果不大（因訊及關鍵性問題張嫌有意閃避，有時僅以幾個字作答或稍微點頭）。

呂秀蓮部分

談話內容：對其三次及在國外與「台獨」份子接觸情形陳述甚詳，并坦承曾拿火把遊行及鼓惑群眾出來參加暴力行為。

審查意見：雖在訊談中說明未受刑求，但因當呂嫌患有感冒，答話時間有咳嗽精神欠佳，且訊問人曾對該嫌犯表示：「政治案件政府必以政治方式處理」，此項說法似有欠妥，不宜播映。

施明德部分

談話內容：不諱言「五人小組」都主張「台灣獨立」，並供認鼓鼓山事件、吳哲朗坐監惜別會的錯誤。惟高雄事件覺得中了國民黨的「計」，表示他知道他的結果如何，但希望本案有個水落石出，明白交代。

審查意見：雖在訊談中說明未受刑求，但施嫌曾稱：「十八年前與十八年後遭遇迥然不同，他可以作見證」。且在談吐神態與姚嘉文無異，亦在自塑「英雄」型像，不宜播放。

林義雄部分

談話內容：林嫌神態萎頓，內心似有隱痛，且一再聲言要說的話都已說了，請求不要錄影，並規避回答問題，僅斷續表示：「現在我才暸解共匪和陰謀份子的厲害」，及「希望能有機會為國家作一點事」。此錄影時程不足十分鐘。

審查意見：無具體談話內容，且因林嫌之表情沉重，不宜運用。惟於林嫌家屬慘遭殺害後觀之，錄影之當時，林嫌之神態，似值玩味。

　　「中國國民黨」政府以後還是將這些影片，拿到海內外去放映，至於如何修改剪接，我不清楚。

(7)

曾經叱喝一時，不可一世，自以為可以壓制住「台灣獨立」力量的「安康接待室」及軍事「第一法庭」如今下場可悲。

「安康接待室」的荒廢及軍事「第一法庭」的閒置，一方面顯示時代的變遷，一方面顯示「中國國民黨」政權，特別是情治單位反應及處理台灣民主化策略的錯誤。

「安康接待室」雖被列為不義遺址，但一直未能整修開放。

我贊成趕快適度的整修，開放參觀。2022年3月15日，我重返「安康接待室」接受採訪時，曾說：

「安康接待室」留下有教育作用。這個地方的存在，象徵一種獨裁政治，或者是一種白色恐怖。這個制度是不好的，對國家對社會都不好，對政府也不好。所以，因為這個地方這個建築的頹廢，表示那種恐怖統治的沒落，這也是一種教訓。

退休的前調查局調查主管劉禮信在他的口述書《調查員揭密：情治生涯四十年》中，揭開調查局神秘的歷史與過往，提到「安康接待室」荒蕪廢棄的無奈：

對我來說，「安康接待室」是一個充滿回憶的地方。三十年前我曾經多次利用「安康接待室」偵訊叛亂犯。許多重大的叛亂案件，都是在此偵破的。

但想不到，隨著懲治叛亂條例、檢肅匪諜條例的廢止、刑法一百條的修正，國內政治情勢的改變，以及兩岸關係的和緩，「安康招待

所」就越來越少派上用場。到後來,「安康招待所」幾乎就淪為一座倉庫,局裡各單位若有閒置不用的器材或存放已久的資料,都運來「安康招待所」存放。這其中,又以我們兩岸情勢研析處前身的第四處擺放的資料最多。

之後,局裡因為人力調配吃緊,就把「安康招待所」的警衛工作撤除,這裡頓時成為一個三不管的地點。而一旦乏人問津之後,這片區域就雜草叢生,更加殘破不堪。

有一天,媒體報導稱,本局安康招待所荒廢已久,但仍然保存部分人體器官,且還有棺材停放等等。由於新聞報導方式極為聳動,且提到「人體器官」等事,負責刑事鑑識工作的鑑識科學處(原第六處)處長王先庚決定到現場查看。他到現場後,把一堆鐵櫃搬開,發現其後有一扇門,推開後看到滿屋子裡都是早年第四處存放的剪報。王先庚馬上打電話給我,要我也一道兒過去處理。

時隔多年,再度踏進「安康招待所」,心中真有無限感慨。看到年久失修,貌似廢墟的破敗建築物,我想,局裡從事偵防工作的前輩們,若知道他們當年努力奮鬥一輩子的工作場所,最後淪落至無人聞問,近似鬼屋,或許也會與我一樣的連聲嘆息吧。

「安康招待所」 內當然沒有保存什麼人體器官,也沒有停放棺材。因為,以前這裡雖然是用以偵訊叛亂份子,但「安康招待所」從來沒拿來當作刑場,沒有處決過人犯,所以絕對不會有屍體,更不會有棺材。

至於媒體繪聲繪影說的那些種種,真的都是以訛傳訛。

　　我帶著科長曾理家和承辦人到現場查看，室內某一角落的確擺放著幾具長形的木箱，但那是存放槍械的長櫃，根本不是什麼棺材。屋內也有幾個玻璃空罐，看起來很像是法醫單位保存檢體之用的器皿。外傳以前情治單位會在安康招待所直接槍決要犯，並當場解剖，但這絕對是以訛傳訛之事，絕無可能發生。

　　不過，「安康招待所」內真的存放了大量的剪報。這其中，又以我們第四處的大陸剪報資料最多。

　　我看這一落一落早已泛黃的資料，心知早已無保存價值，但這些資料又不能任意棄置不理。我想到不久之後，立、監兩院委員打算前來視察，我擔心節外生枝，決定在他們來訪前先把這些資料處理掉，於是就打了通電話給環保局，請他們派出垃圾車協助清運這些資料，全數都載至焚化場焚毀。

　　環保局人員到場後，覺得現場陰森森的，感覺很恐怖。為了要讓大家安心，我掏錢遞給環保人員，說：「不如我們買些紙錢來燒吧？」沒想到，紙錢一焚起來，火勢頗大，濃煙四起，我擔心山下的民眾看到「安康招待所」有濃煙竄起，以為我們在焚燒什麼不可告人的事證，趕快叫清潔隊員滅火。後來，清潔隊員把一堆一堆的剪報丟到垃圾車上，打開開關要把這些紙張絞進車內，但機器一開動，突然又卡住了。眾人面面相覷，都不寒而慄，以為鬧鬼了。

　　我趕快安撫大家，並且請他們再派一輛垃圾車來，才解決了問題。

　　軍事「第一法庭」因為地點在今「國家人權博物館」內，位置方

便，如今經過幾次的整修，開放遊客參觀，成為人權教育景點，再無當年肅殺不可一世的威風，和「安康招待所」不同。

(8)

「中國國民黨」當局也知道用《懲治叛亂條例》規定死刑，用軍事法庭判決死刑對台灣社會不再有恐嚇作用，所以進一步使用黑社會的暗殺手段，來恐嚇人民，阻止人民的反抗。

有幫會本質的「中國國民黨」政府使用幫會手段來恐嚇及制裁反對人士，在中國大陸時期已有所聞，在台灣也想重施其技。

據夏錫龍《一代軍閥郝柏村》一文「洪門、青幫橫行軍方」報導說：

1988 年 8 月 29 日，在台灣一向隱匿的「洪門」組織，於自立晚報上表明將「公開亮相」的態度。號稱目前在台灣「洪門」組織唯一擁有「雙龍頭」地位的「大老」黃震，甚至揚言將成立「洪門總會」，針對「任何妨害國家安全的行動」，「主動出擊，予以反制」。

「洪門」首次出現在「反制」民主運動的場合，是在 1987 年 6 月 12 日，以「反共愛國陣線」為名號，主動在立法院正門前攻擊民進黨及反對國安法活動的人士，並且毆打路人，爆發近八年來第一宗街頭流血衝突的「六一二事件」。時隔一年餘，「洪門大老」在國民黨以暴力拘提洪奇昌的同一天，公然現身並聲言將「擴大反制行動」，在在透露極不尋常的訊息。

■ 1987年6月，反共愛國陣線在立法院前抗爭。攝影／邱萬興

　　以「洪門雙龍頭」架勢現身恫赫的黃震，是國民黨「黃埔老將」黃杰之弟，曾擔任軍統局華北站站長。他曾是大特務戴笠的得力助手，廿八歲即官拜陸軍少將，退役時為中將軍階，目前是「洪門」在台的「山祖」。在接受自立晚報專訪時，黃震坦承洪門與國民黨、洪門與警察的密切關係。但實際上，黃震只是國民黨軍、特人員「混跡江湖」的一個例子而已，除黃震以外，現今台灣的黨、政、軍、特務系統中，大自許多重要軍頭，小至嘍囉爪牙，無不「在幫」，不是洪門，就是青幫的「弟子」。幫派人物充斥黨、政、軍、特，且不乏位居要津的角色，這才是不容輕忽的現象。

　　同一本書說又說，蔣經國是青幫第38代弟子，「中國國民黨」

敗退台灣後，幫派在軍中如「水銀瀉地般的發展了」。

又說，蔣經國的用心，是運用幫派勢力在軍隊中鞏固自己的地盤，讓帶有軍階的幫派份子，潛入軍令系統發展，並將政工人員有計劃地打入部隊，開始發展組織。

書中又說：

洪門、青幫與國民黨相始，又經過蔣經國蓄意培植，其勢力可想而知。尤其高級將領與特務首腦乃至家屬，公然地在軍中發展幫派勢力，再運用幫派作為私人武力，心態與後果都十分可怕。自「六一二」起，幫派份子首度被驅上街頭，與軍警特相互配合施展暴力，合力對付台灣人民，已經顯示軍警特與幫派勾結為用的嚴重現象。

對於郝柏村、宋心濂、陳遠這種軍特頭子來頭，爭取民主的台灣人民乃是他們的敵人。對付這種「敵人」，如果不便動用穿制服的軍警，不如運用「麾下」的幫派份子施以狠酷的暴力。因此在「六一二」、「九一二」、「五二〇」以及更多的街頭運動中，處處可見形貌凶狠，身手矯捷的不明身份人物，趁機「反制」民進黨員或民眾，以製造對立和衝突，衝突得越厲害，這些軍特首腦也就越能振振有辭地聲言對付民主運動人士。

有家天下或宗族政權觀念的人，不甘政權被共和取代，或被民主化失權，在無法繼續維持政權時，常欲藉用非法播暴力剷除敵對人士。其結果不是失敗，就是引來報復。

中國清末民初，1919 年 12 年 1 月 12 日，為對抗辛亥革命，清

室貴族良弼、毓朗、溥偉、載濤、載澤、鐵良等秘密召開會議，以維持宗廟社稷為旨，1月19日組織「君主立憲維持會」，良弼被推為領袖。

「君主立憲維持會」，又稱宗社黨，為民間政治組織，主要由滿族貴族組成，推動滿洲民族主義。此組織主旨是為恢復清朝統治。

1月26日，同盟會殺手彭家珍炸死良弼。在京滿族權貴惶恐不安。2月12日，清宣統帝宣布遜位。宗社黨遂告解散。

(9)

1980年代發生兩件影響重的暴力殺人案，一是林宅血案，一是江南案。

「美麗島案件」在進入審判程序以前，2月28日，在林義雄家中，他的母親林游阿妹、女兒林亮均及林亭均突然被人進屋殺害，只有女兒林奐均被救活。

在12月13日大逮捕之後，被告住宅門口都派有人嚴密監視，外人進出都嚴格查驗，沒有特殊身分，不會進入，屋內發生兇殺案，情治單位難脫嫌疑。有參與「美麗島雜誌案」偵辦工作的調查局調查員告訴我，軍方長官告訴他們，林家血案是「美麗島雜誌」自己人因林義雄在偵查中洩露雜誌社秘密，所以派人殺害家人。這種說法明顯在掩護行兇恐嚇的行為。

「美麗島案件」發生後，「台灣警備總司令部」除了刑求、恐嚇

林義雄，情治系統還釋放不實訊息，利用媒體誤導「林宅血案」辦案方向，並形塑「判亂分子，人人可誅」的輿論氛圍威脅「美麗島事件」的被告及家屬。

據監察院的調查報告，監察委員田秋堇在訪談時回憶：

我作完筆錄要離開大安分局時，剛聽到雙胞胎已經死亡的消息，邊走邊哭，有個警察坐在門口，翹著二郎腿說，「為什麼有人要殺你們，你們自己要反省！」我永遠忘不了這句話，以及他說話時冷淡輕蔑的表情。

當時統治集團透過媒體營造的那種「人人皆曰可殺」的氛圍，竟連警察都覺得有人被殺是應該的。可見當時民主人士及其家屬身處的恐怖壓力。情治系統結合長期控制之媒體，釋放各種假訊息，刻意誤導辦案方向、恐嚇異議人士及其家屬，要屬嚴重的國家暴力行為。

據監察院的調查，為什麼會發生林家血案呢？應與林義雄說過的一句話有關，1979 年 6 月，「許信良休職案」接續「余登發案」發生，是衝擊當時黨內外關係的一個重要話題，6 月 29 日黨外人士在「黨外總部」召開記者會，林義雄感冒，吃了感冒藥昏睡，醒了才匆匆趕來，記者會其實已經快要結束。他拿起麥克風講話時怒斥：「國民黨假借民主、欺騙友邦，假借反攻大陸，壓榨台灣，今天國民黨在台灣，已經不是一個政治團體，而是一個叛亂團體！」

「國民黨是叛亂團體」，因這句話，林義雄在美麗島事件中竟遭到「刑求」，家人竟被殺害。

監委蔡崇義、范巽綠在調查後表示，本次調查是重新過濾分析情治機關的解密檔案、訪談相關人士、專案學者及當年辦案人員。但因受限於辦案時限及檔案追查困難，故提出以下五點應繼續追查事項。其中第三點及第四點說：

三、竹聯幫要角柳茂川回憶錄指稱林宅血案為情治系統指示陳啟禮所為。解密檔案又發現情治系統長期利用黑道分子施暴黨外人士，與林宅血案有無關連？真相如何？

四、外界盛傳林義雄曾批評國民黨是「叛亂團體」，觸怒統治階級，加上血案前一日林義雄在家人及辯護律師接見後，傳出林義雄遭刑求之訊息，因相關說法有明確的事證可稽，林宅血案是否為情治系

■ 1984 年黨外雜誌報導江南案。

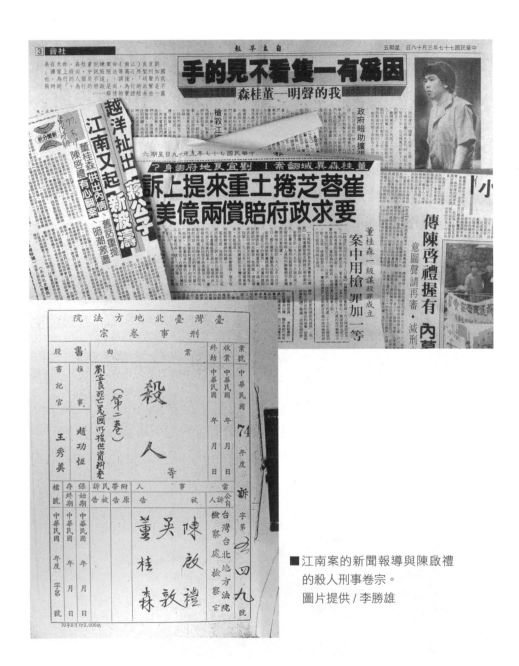

■江南案的新聞報導與陳啟禮
的殺人刑事卷宗。
圖片提供／李勝雄

統為報復刑求訊息遭外洩？真相有待釐清。

「江南案」發生案 1984 年 10 月 15 日（美國當地時間）上午。筆名江南的劉宜良，在美國加州大理市（Daly City）自宅車庫內，遭潛伏劉宅車庫的竹聯幫成員吳敦開槍擊中鼻部右側，董桂森在腹部補上兩槍，而當場斃命。這場暗殺行動是在國防部情報局指使下，由竹聯幫幫主陳啟禮策劃的。情報局長汪希苓吸收陳啟禮，由副局長胡儀敏、第三處副處長陳虎門居間協助、聯繫，所執行的暗殺任務。據了解江南之所以被殺，與他在著手書寫蔣經國和吳國楨的傳記有關。

事件引起美國政府的憤怒，蔣經國不得不交出情報局關係人員，局長汪希苓被判無期徒刑，副局長胡儀敏，第三處副處長陳虎門各被判 2 年 6 個月。

政治受難者柏楊在評論「江南事件」說，蔣氏家族的獨裁暴政直到江南案後才告終結。江南奉獻生命與鮮血，「化作壓死暴政的最後一根稻草 ----- 證明蔣中正、蔣經國父子的政權，已墮落為赤裸裸的多行不義的權力。」

柏楊說：

江南之死，引起整個政權潰散的骨牌效應。「江南是最後被害者，以後蔣氏父子就再也不敢重犯，再也沒有機會重犯了。

在以前，「中國國民黨」蔣氏政權的情報工作中，俗稱暗殺的「秘密制裁」，常被視為自清或殲敵重要任務，但如今「江南案」發生，「秘密制裁」、「暗殺許可」的事被終結了。

(10)

　　1970 年代，當「台灣獨立運動」風起雲湧在推動時，台灣統治當局的情治單位，尤其「台灣警備總司令部」都認為應該加強鎮壓，特別是主張查禁「美麗島雜誌」。這種想以高壓手段阻止民主運動的想法，不但不能發生效果，可能會有反效果。

　　政治大學台灣史研究所李福鐘教授認為情治機構的態度是一種「反火」(backfire) 行為。所謂「反火」行為，指的是「弄巧成拙」、「事與願違」或「幫倒忙」的意思。他用「反火」一詞描述情治單位在 1979 年所起的作用，指的是兩蔣政權所豢養壯大的特務系統，在蔣經國為了外交挫敗和中國統戰壓力而焦頭爛額之際，不僅沒有為主子分憂解勞，反而滋生事端，在 12 月 10 日的高雄事件中製造一個蔣經國原本不願想面的國內亂局。

　　李福鐘教授在《蔣經國政權下落的起點—美麗島事件與情治機關的「反火」危機》指出：

　　「美麗島事件」在第一時間看起來是國民黨情治部門的勝利，新興的美麗島政團在大逮捕中幾乎全軍覆沒。然而短短不到七年，在 1986 年「民主進步黨」宣布建黨，情治部門最初的勝利，反而成為蔣經國政權「毀滅的種子」(the seeds of destruction)。

　　李福鐘教授在文章最後說：

　　這些情治單位首腦，竊喜之餘，畢竟料不到「高雄事件」與「美

麗島軍法大審」，竟然引起後續台灣反對運動在 1980 年代的風起雲湧與外溢效應。正如本文第一節所述，藉由 1980 年起短短七年五次中央與地方公職人員選舉，以「美麗島」為旗幟的反國民黨力量乘勢而起，迅速集結為足以挑戰國民黨威權統治的在野政黨。

這是那些在 1979 年自命為蔣氏政權驃騎鐵衛的情治人員，所沒有料想到的。這一意料之外的結果，證明 1979 年情治機關處心積慮要將黨外勢力一網打盡的計畫，不僅沒有讓國民黨政權變得更強大，反而造成蔣經國在其有生之年必須時刻面對更加不確定的政治環境，以及更多不信賴其政權的台灣人民。蔣氏政權統治台灣所仰賴的龐大情治系統，在 1979 年《美麗島》事件中所起到的「反火」效果，直接成為蔣經國政權下落的重要推手。

(11)

「中國國民黨」政權既然常以死亡威脅政治敵人，為甚麼「美麗島案件」以二條一起訴，為甚麼沒有人被判死刑？

查考記錄，從 1971 年聯合國大會決議，剝奪台北「中國國民黨」蔣氏政權後，因政治形勢已變，即未見在軍事法庭公開判處政治犯死刑槍斃。

「美麗島案件」起訴書明白表示「請依法酌予減處其刑」，即已表明請軍法庭不必一定判死刑，如果不是上級有指示，軍事檢察官不可能加這句話。

　　1999 年「中國國民黨」透過中國時報系統，委託施明德的「新台灣研究文教基金會」製作「美麗島事件」20 周年《暴力與詩歌》，描述「美麗島事件」是暴力事件，而包括沈君山教授等人，則在座談會爭先後表示，是他們向蔣經國總統建議不可判死刑。他們稱讚蔣經國的「慈祥」、「寬容」、「愛心」，形容「美麗島事件」是「一場沒有流血的政治活動」。整個報告與活動都沒有提到「美麗島雜誌社」的主張，及「中國國民黨」當局為甚麼要鎮壓的原因。

　　有些報導說，陶百川和海外學人的信件顯示，對美麗島事件的同情超出了黨派和政治立場。這種超越黨派的同情，讓國民黨政權很難進行祕密審判，否則將失去中立者的支持。

　　公開審判的議題在後來對「美麗島事件」的論述和回憶中，也受到極大的關注。當時擔任國民黨文化工作會主任的楚崧秋表示，公開審判的推手應該是司法院長黃少谷。黃說，「只有審判公開，才能將事件的傷害降至最低。」

　　另一個重要的問題是：為什麼國民黨政權容許媒體完整地報導審判過程？根據楚崧秋的說法，「當時情治單位強烈建議，並要求新聞局和文工會配合，希望限制報導審判內容的新聞篇幅，及國內記者的採訪。」但楚崧秋認為，既然是公開審判，當然就可以採訪；而且中外記者應該享有相等的權利。他並且將這個意見報告給蔣經國，也獲得蔣經國的同意。不過，當時蔣經國雖然同意，楚崧秋後來卻因此而被迫離開文工會的職位。蔣經國要他離開該職位召見他的時候，第一句話就說，「他們說你自由主義的色彩太多⋯⋯」

我在坐牢時，聽到一個說法，蔣經國在決定下令逮捕前，曾問過許多高級官員意見，包括台籍的謝東閔、李登輝，只有時任司法院長的黃少谷表示反對。他對蔣經國說，台灣的問題在戒嚴、國會、憲法。「美麗島雜誌案」因這三件事而發生，這三件事不是這些台灣人創造出來的，抓了他們，我們還是要處理這三件事。

審判期間，警備總部特種調查室提出的輿情報告這樣說，「經透過關係訪談文化、新聞界人士，對軍法審判美麗島叛亂犯一案，綜合反映如下」：

對於八名被告，政府應依法嚴懲，勿再姑息養奸。全國民心均支持政府嚴懲不法，民心不可違，而且時機適宜，設若此時不辦，今後更難辦了。即使政府要表示寬厚，也應重判死刑或無期徒刑，然後由總統大赦，如此既可以服眾又可以示寬大胸懷，顯示政府德意，可謂一舉兩得，不失為兩全之策。

這就是獨裁政權的情治單位呈給上級的輿情。宣判後的第三天，該單位又提出一份輿情報告：

一般經濟犯尚有判刑二十餘年之案例，而美麗島一干人，以暴力顛覆政府之叛亂罪行，僅分別判刑十四年、十二年，最高僅無期徒刑（施明德），似嫌太輕。

留下這些人等於留下無數麻煩……

此八人在叛國分子陰謀集團及反政府分子心目中，已成為「民主鬥士」、「革命英雄」，此後若逢大赦獲減刑，提前出獄，必成為他

被告家屬對判決的共同声明

我們堅信我們的親人是為民主信念而生活,為堅持和平
改革而奮鬥的人,我們無法接受這樣的判決,這樣的判
決是違法取供,不顧証據,斷章取義,無中生有的邏輯結
果,這樣的判決是對全民的正義感,和理性的一大挑战,
我們對於這种判決,固然感到極為痛心,萬分失望,但
我们對於台灣的民主前途,仍有所期待,我们相信民主潮
流不可阻擋,民主運動,必將愈挫愈勇,身為被告家屬,我们
願意和我们的親人,為台灣的民主,自由和平等,共同承担
這种苦難,一同坐監,一起坐牢。

張月卿 (黃信介太)
許菜誅 (張俊宏太)

施明正 (施明德兄)
林黎琤 (林弘宣太)
方素敏 (林義雄太)

周清玉 (姚嘉文太)
陳武進 (陳菊第)

五月三十日

STATEMENT BY THE FAMILIES.

"We, the families of the defendants, are convinced that our beloved ones
are people who are committed to democracy and freedom for the people of
Taiwan, and who have fought persistently for peaceful reforms. This
verdict is unacceptable to us, since it is based on manufactured evidence
and on confessions which did not represent the defendants' positions, but
which were created out of thin air.

This verdict is a challenge to all people with a sense of justice and
righteousness. We are deeply hurt, but we are hopeful, because we are
convinced that there is a democratic future for Taiwan. We strongly
believe that the tide of democracy can not be stopped. The democratic
movement will only become stronger in struggle. For the cause of demo-
cracy, freedom, and equality in Taiwan we are willing to go to prison
with our beloved ones."

The statement was signed by the wives of Huang Hsin-chieh, Lin Yi-hsiung, Yao
Chia-wen, Chang Chun-hung, Lin Hung-hsuan, and by the brothers of Shih Ming-teh
and Chen Chu. Shih Ming-teh's wife Linda also concurred with the statement.

■ 1980 年 5 月 30 日,美麗島被告家屬對判決的聲明。

們的「偶像」，更具號召與影響力，所以務必不可假釋或大赦，使其提前出來，否則如放虎歸山，不可不慎。

這個輿情所反映的，顯然不是民間的看法，而是情治人員的意見。

至於為甚麼「美麗島案」被告沒有人判死刑，根據後來擔任台灣大使李潔明回憶錄，「美麗島事件」發生之後，，美國政府派遣「在台協會」主席丁大衛到台灣見蔣經國，蔣經國派人告訴他：p.251

雖然領導人都會以軍法審判，可是其他人都會由普通法院審理。而且，不會有人被判死刑。

不能公開用軍事法庭判處死刑，又不便使用暗殺手段制裁反對者，「中國國民黨」蔣氏政權注定沒落。

余杰的《偽裝的改革者》書中第五章「美麗島與天安門」認為

蔣經國沒有不殺「美麗島案」各人的想法：p206-207

反倒是有夠多確鑿證據顯示，蔣經國和國民黨死硬派早有殺人之心，軍法審判的目的就是要判處重刑哪乃至死刑－否則，何必用軍法審判呢？

蔣經國想殺人，而最後沒有殺人，是因為國際社會的巨大壓力。一方面是公開的抗議譴責，另一方面是私下的交易談判。檯面下交易對口是華府，唯有華府才能左右蔣經國；而華府肯不肯救援，又取決於檯面上的輿論力量大不大、能不能施壓。當時，美國國會議員反應

強烈，不在話下。美國國務院高級官員至少三次發表意見或評論。助理國務卿郝爾布魯克（Richard Holbrooke）私下要求國府對美麗島公開審判，不要以叛亂罪定罪。美國更派遣在台協會理事主席丁大衛由華府前往台北拜會蔣經國，強調嚴懲人犯會傷害台灣在美國的聲譽，使得今後要重建兩國斷交後之互信更困難。丁大衛建議，如果國府解除戒嚴，捨棄軍事法庭審判，改以一般法庭審判，允許黨外人士表達異議，他們將在美國和其他國家得到更多的支持。蔣經國接受了一半的建議，公開開庭審理，但仍以軍事法庭和叛亂罪審理多名黨外運動領袖。

最後，美方使出殺手鐧—以軍售換人命。對於美國關心陳菊等美麗島受刑人，蔣經國不禁惱羞成怒，在日記中惡言相向：「美國向我政府有關陳菊案所採取的蠻橫態度，令人痛恨，忍無可忍，美國人的做法既惡毒而又愚蠢。不過吾人處理此類事，不可意氣用事，今天還沒有到向美國攤牌的時刻，美國已經成了共匪的幫兇。」、「陳菊案為一高度政治性之案件，處之以輕，則將使國內反動分子益趨狂妄，處之以重，則將引起美國之政治干涉，不論是輕是重，皆應以國家之利益為先，內奸外賊皆足以害我國也。」、「美國大使竟在其使館接見我們之罪犯，行為之卑鄙可悲，美國私通國內反動分子，並予支持，行之多年，美國所做之事，無不害人害己，不知我將忍至何時，嗚呼痛哉。」

事件後三十年，2009 年 2 月，已是高雄市長的陳菊出訪華府，與老友、前國務院中華民國科科長費浩偉見面。費浩偉證實，當年華

■ 2009 年 12 月，高雄市長陳菊舉辦美麗島事件 30 週年紀念晚會。攝影 / 邱萬興

■ 2019 年 12 月，民進黨在台北圓山大飯店舉辦美麗島事件 40 週年紀念活動。
攝影 / 邱萬興

府以對台軍售為籌碼,換取陳菊等人免於死刑。所謂「陳菊等人」,就是遭軍法審判的八名被告,按《懲治叛亂條例》第二條第一項起訴,是唯一死刑的罪名。

蔣經國被迫接受公開審判和沒有死刑的結果,是因為他沒有辦法公開與美國對抗,也害怕激發出本土民眾「民不畏死,奈何以死懼之」的反抗意志。但他事後將「窩囊氣」發在黨內溫和派身上。他認為,受刑人在公開審判期間肆意宣揚台獨立場,這些觀點被國際媒體廣為報導,政府也「破天荒」允許國內報紙刊載審訊過程與被告陳辭,結果對國民黨造成嚴重傷害。

(12)

聯合國大會 1971 年的決議,影響了「中國國民黨」蔣氏政權的國際地位,也影響了「第一法庭」的審判與判刑。在我的另外一本書《神話聯合國》中,提到一段往事,當大家在討論 1971 年聯合國大會通過「中國代表權」議案後,對台灣的「中國國民黨」蔣氏政權的影響時,書中人物海老師提到一位海外回國的教授說的話:

他說…他也是學歷史教歷史的…。他說,台灣的歷史很有趣。他說,17 世紀台灣被我們滿清帝國吞佔了,台灣人不服氣,三年一小反,五年一大反,也擺脫不了滿清帝國。以後來了一個日本帝國,甲午戰爭、馬關條約,大清帝國終於放棄了台灣。以後日本統治台灣,台灣人不服氣,設民主國,反 63 法案。有霧社事件,有文化協會活動,有議會設置運動,也擺脫不了日本帝國。

海老師停了一會，又說：

以後發生太平洋戰爭，來了個美利堅合眾國，打垮了日本帝國。台灣擺脫了日本，卻來了個蔣介石，有戒嚴令，有軍事法庭，有萬年國會，喊反攻大陸，抓政治犯，黨禁報禁。台灣人不服氣，搞黨外運動，設台獨組織，要民主，要建國，也擺脫不了蔣介石。

海老師停了一下，又喝口茶。想了一會，笑起來說：

如今，正和你書上寫的一樣，聯合國的決議戳破「中國國民黨」的神話，蔣介石不能再誇說他是「大中國」的總統。不能再強說他們是「中國政府」。是聯合國的決議使台灣人擺脫蔣介石，擺脫他的「中國政府」神話……這就是你的書中寫的「寶島得生機」那一章想要說的吧！對不對！

(13)

往事雖過，傷害已成。過往歷史經驗不可忘記。

波蘭奧舒維茲（Auschwitz）納粹集中營門口，有一顆大石頭，上面寫著旅美西班牙哲學家 George Santayana 的一句話：

那些不能銘記歷史過去的人註定要重蹈覆轍。

（The one who does not remember history is bound to live through it again .）

中國清朝著名的戲曲家孔尚任所寫的劇作《桃花扇》，描寫明朝

"KTO NIE PAMIĘTA HISTORII SKAZANY
JEST NA JEJ PONOWNE PRZEŻYCIE"
GEORGE SANTAYANA

"THE ONE WHO DOES NOT REMEMBER
HISTORY IS BOUND TO LIVE THROUGH IT
AGAIN"
GEORGE SANTAYANA

滅亡前統治階層腐化墮落的狀態，「借離合之情，寫興亡之感」，在劇本最後藉淨角舊地重遊時，感嘆舊城殿「鴿翎蝠糞滿堂拋，枯枝敗葉當階罩」、「那皇城牆倒宮塌，滿地蒿萊了」、「行到那舊院門，何用輕敲，也不怕小犬牢牢。無非是枯井頹巢，不過些磚苔砌草，冷清清的落照，剩一樹柳彎腰」，唱著《哀江南》歌曲：

俺曾見金陵玉殿鶯啼曉，秦淮水榭花開早，誰知道容易冰消。

眼看他起朱樓，眼看他宴賓客，眼看他樓塌了。

這青苔碧瓦堆，俺曾睡風流覺，將五十年興亡看飽。

那烏衣巷不姓王，莫愁湖鬼夜哭，鳳凰台棲梟鳥。

殘山夢最真，舊境丟難掉，不信這輿圖換。

謅一套哀江南，放悲聲唱到老。

歷史更新，時代變革，舊事雖可哀歌，新局正在發展。

全文完

│姚嘉文年表│

一九三八年　◎六月十五日出生於彰化縣和美小鎮。

一九五七年　◎畢業於彰化商職學校。

一九六二年　◎考入國立臺灣大學法律系。

一九六六年　◎考入臺灣大學法律研究所。

　　　　　　◎考取律師。

一九六七年　◎與周清玉結婚。

一九六九年　◎擔任輔仁大學及文化大學講師（後升任副教授）。

一九七二年　◎赴美加州柏克萊大學研究，

　　　　　　　回台創辦「臺灣平民法律服務中心」，

　　　　　　　免費為貧民提供法律服務。

一九七五年　◎擔任《臺灣政論》法律顧問。

　　　　　　◎為郭雨新及康寧祥立委助選。

一九七七年　◎出版《虎落平陽》，記錄郭雨新選舉訴訟過程。

　　　　　　◎為林義雄競選宜蘭縣省議員助選。

　　　　　　◎出版《古坑夜談》，暴露雲林縣選舉舞弊及選務黑幕。

　　　　　　◎中壢事件，擔任辯護律師。

一九七八年　◎出版《護法與變法》，推動「國會全面改選」。

　　　　　　　公佈老國大（老賊）存活人數的消滅。

　　　　　　◎以「黨外大護法」的美譽在故鄉彰化縣參選國大代表，

　　　　　　　大選因美國宣佈與北京建交停辦。

一九七九年　◎參與高雄縣橋頭鄉示威遊行，這是戒嚴令下，

　　　　　　　反對運動第一次示威遊行。

　　　　　　◎擔任前高雄縣長余登發父子叛亂案辯護律師。

　　　　　　◎與施明德、陳菊共組「黨外總部」。

　　　　　　◎黃信介發行的《美麗島》雜誌，由周清玉命名，

　　　　　　　就在「黨外總部」發行。

　　　　　　◎出版《黨外文選》。

　　　　　　◎美麗島事件政治犯，遭國民黨迫害判刑十二年，

　　　　　　　入獄七年一個月。

一九八七年　◎出版在獄中完成三百萬字的《臺灣七色記》長篇小說。

　　　　　　◎加入民主進步黨，擔任中常委。

　　　　　　◎擔任民主進步黨第二任黨主席，推動「國會全面改選」、

　　　　　　　「總統直選運動」。

一九八八年　◎主持民進黨全國代表大會上通過「臺灣主權獨立案」
　　　　　　（「四一七」高雄決議案）驚動北京。

一九八九年　◎赴美訪問一個月演講，宣揚「臺灣主權獨立」的理論。
　　　　　　◎「臺灣關懷中心」、「關懷雜誌」遷回彰化縣。

一九九〇年　◎參加「國是會議」。

一九九一年　◎出版《臺海一九九九》。
　　　　　　◎參加「馬尼拉海內外懇談會」訂定「制憲建國」方略。

一九九二年　◎擔任民進黨舉辦「四一九」總統直選大遊行決策小組。

一九九三年　◎當選第二屆立法委員、擔任民進黨立法院黨團召集人、
　　　　　　擔任國防委員會召集人。

一九九四年　◎加入立法院司法委員會，推動司法改革。
　　　　　　出版《司法白皮書》。

一九九五年　◎出版《南海十國春秋》。
　　　　　　提出對南海局勢和臺海局勢的具體看法。

一九九七年　◎擔任「亞洲自由民主聯盟」秘書長。

一九九九年　◎出版《制憲遙遠路》

二〇〇〇年　◎擔任總統府資政。
　　　　　　◎出版《景美大審判》。

二〇〇一年　◎出版《舊金山合約－臺灣的釋放令》。

二〇〇二年　◎擔任考試院院長。

二〇〇三年　◎出版《十句話影響臺灣》。

二〇〇四年　◎獲韓國韓京大學頒贈名譽法學博士學位。
　　　　　　◎擔任「臺灣國家聯盟」總召集人。

二〇〇六年　◎發表《黃虎印》新編歌仔戲劇本。
　　　　　　◎出版《臺灣條約記》。
　　　　　　◎出版《霧社人止關》。

二〇〇八年　◎出版《風吹美麗島》。

二〇〇九年　◎獲得第 32 屆吳三連獎。

二〇一六年　◎再擔任總統府資政。

二〇一九年　◎出版《姚嘉文追夢記》。

二〇二三年　◎出版《第一法庭》。

國家圖書館出版品預行編目（CIP）資料

第一法庭：蔣政權的最後掙扎 / 姚嘉文著.

-- 初版. -- 彰化市：財團法人關懷文教基金會，

2023.12　面；　公分

ISBN 978-986-97781-7-6(平裝)

1.CST: 美麗島事件 2.CST: 臺灣民主運動

3.CST: 審判 4.CST: 臺灣史

733.2945　　　　　　　　　　　112019490

第一法庭

---- 蔣政權的最後掙扎

作　　者：姚嘉文

指導贊助：國家人權博物館
NATIONAL HUMAN RIGHTS MUSEUM
http://www.nhm.gov.tw

出　　版：關懷文教基金會

地　　址：彰化縣彰化市大智路 5 巷 1 號

電　　話：（04）724-4909

傳　　真：（04）725-9013

捐款戶名：財團法人關懷文教基金會

捐款帳號：台灣銀行 彰化分行
016 004 284756

策　　劃：周清玉

編輯小組：沈聰榮、邱萬興、廖紫妃

美術編輯：鮑雅慧

封面書法：鄭福成

印　　刷：柏榮印刷有限公司

出版日期：2023 年 12 月初版第一刷

定　　價：380 元